CHECO
VOCABULÁRIO

PALAVRAS MAIS ÚTEIS

PORTUGUÊS CHECO

Para alargar o seu léxico e apurar as suas competências linguísticas

5000 palavras

Vocabulário Português-Checo - 5000 palavras
Por Andrey Taranov

Os vocabulários da T&P Books destinam-se a ajudar a aprender, a memorizar, e a rever palavras estrangeiras. O dicionário é dividido em temas, cobrindo todas as principais esferas de atividades quotidianas, negócios, ciência, cultura, etc.

O processo de aprendizagem, utilizando os dicionários baseados em temáticas da T&P Books dá-lhe as seguintes vantagens:

- Informação de origem corretamente agrupada predetermina o sucesso em fases subsequentes da memorização de palavras
- Disponibilização de palavras derivadas da mesma raiz, o que permite a memorização de unidades de texto (em vez de palavras separadas)
- Pequenas unidades de palavras facilitam o processo de estabelecimento de vínculos associativos necessários para a consolidação do vocabulário
- O nível de conhecimento da língua pode ser estimado pelo número de palavras aprendidas

Copyright © 2019 T&P Books Publishing

Todos os direitos reservados. Nenhuma parte desta publicação pode ser reproduzida, total ou parcialmente, por quaisquer métodos ou processos, sejam eles eletrónicos, mecânicos, de fotocópia ou outros, sem a autorização escrita do editor. Esta publicação não pode ser divulgada, copiada ou distribuída em nenhum formato.

T&P Books Publishing
www.tpbooks.com

ISBN: 978-1-78400-938-0

Este livro também está disponível em formato E-book.
Por favor visite www.tpbooks.com ou as principais livrarias on-line.

VOCABULÁRIO CHECO
palavras mais úteis

Os vocabulários da T&P Books destinam-se a ajudar a aprender, a memorizar, e a rever palavras estrangeiras. O vocabulário contém mais de 5000 palavras de uso comum organizadas tematicamente.

O vocabulário contém as palavras mais comummente usadas
Recomendado como adicional para qualquer curso de línguas
Satisfaz as necessidades dos iniciados e dos alunos avançados de línguas estrangeiras
Conveniente para o uso diário, sessões de revisão e atividades de auto-teste
Permite avaliar o seu vocabulário

Características especias do vocabulário

- As palavras estão organizadas de acordo com o seu significado, e não por ordem alfabética
- As palavras são apresentadas em três colunas para facilitar os processos de revisão e auto-teste
- As palavras compostas são divididas em pequenos blocos para facilitar o processo de aprendizagem
- O vocabulário oferece uma transcrição simples e adequada de cada palavra estrangeira

O vocabulário contém 155 tópicos incluindo:

Conceitos básicos, Números, Cores, Meses, Estações do ano, Unidades de medida, Roupas & Acessórios, Alimentos & Nutrição, Restaurante, Membros da Família, Parentes, Caráter, Sentimentos, Emoções, Doenças, Cidade, Passeios, Compras, Dinheiro, Casa, Lar, Escritório, Trabalho no Escritório, Importação & Exportação, Marketing, Pesquisa de Emprego, Desportos, Educação, Computador, Internet, Ferramentas, Natureza, Países, Nacionalidades e muito mais ...

TABELA DE CONTEÚDOS

| Guia de pronunciação | 9 |
| Abreviaturas | 10 |

CONCEITOS BÁSICOS 11
Conceitos básicos. Parte 1 11

1. Pronomes 11
2. Cumprimentos. Saudações. Despedidas 11
3. Como se dirigir a alguém 12
4. Números cardinais. Parte 1 12
5. Números cardinais. Parte 2 13
6. Números ordinais 14
7. Números. Frações 14
8. Números. Operações básicas 14
9. Números. Diversos 14
10. Os verbos mais importantes. Parte 1 15
11. Os verbos mais importantes. Parte 2 16
12. Os verbos mais importantes. Parte 3 17
13. Os verbos mais importantes. Parte 4 18
14. Cores 18
15. Questões 19
16. Preposições 20
17. Palavras funcionais. Advérbios. Parte 1 20
18. Palavras funcionais. Advérbios. Parte 2 22

Conceitos básicos. Parte 2 23

19. Dias da semana 23
20. Horas. Dia e noite 23
21. Meses. Estações 24
22. Unidades de medida 26
23. Recipientes 27

O SER HUMANO 28
O ser humano. O corpo 28

24. Cabeça 28
25. Corpo humano 29

Vestuário & Acessórios 30

26. Roupa exterior. Casacos 30
27. Vestuário de homem & mulher 30

28. Vestuário. Roupa interior	31
29. Adereços de cabeça	31
30. Calçado	31
31. Acessórios pessoais	32
32. Vestuário. Diversos	32
33. Cuidados pessoais. Cosméticos	33
34. Relógios de pulso. Relógios	34

Alimentação. Nutrição	**35**
35. Comida	35
36. Bebidas	36
37. Vegetais	37
38. Frutos. Nozes	38
39. Pão. Bolaria	39
40. Pratos cozinhados	39
41. Especiarias	40
42. Refeições	41
43. Por a mesa	41
44. Restaurante	42

Família, parentes e amigos	**43**
45. Informação pessoal. Formulários	43
46. Membros da família. Parentes	43

Medicina	**45**
47. Doenças	45
48. Sintomas. Tratamentos. Parte 1	46
49. Sintomas. Tratamentos. Parte 2	47
50. Sintomas. Tratamentos. Parte 3	48
51. Médicos	49
52. Medicina. Drogas. Acessórios	49

HABITAT HUMANO	**50**
Cidade	**50**
53. Cidade. Vida na cidade	50
54. Instituições urbanas	51
55. Sinais	52
56. Transportes urbanos	53
57. Turismo	54
58. Compras	55
59. Dinheiro	56
60. Correios. Serviço postal	57

Moradia. Casa. Lar	**58**
61. Casa. Eletricidade	58

62. Moradia. Mansão	58
63. Apartamento	58
64. Mobiliário. Interior	59
65. Quarto de dormir	60
66. Cozinha	60
67. Casa de banho	61
68. Eletrodomésticos	62

ATIVIDADES HUMANAS	**63**
Emprego. Negócios. Parte 1	**63**
69. Escritório. O trabalho no escritório	63
70. Processos negociais. Parte 1	64
71. Processos negociais. Parte 2	65
72. Produção. Trabalhos	66
73. Contrato. Acordo	67
74. Importação & Exportação	68
75. Finanças	68
76. Marketing	69
77. Publicidade	69
78. Banca	70
79. Telefone. Conversação telefónica	71
80. Telefone móvel	71
81. Estacionário	72
82. Tipos de negócios	72

Emprego. Negócios. Parte 2	**75**
83. Espetáculo. Feira	75
84. Ciência. Investigação. Cientistas	76

Profissões e ocupações	**77**
85. Procura de emprego. Demissão	77
86. Gente de negócios	77
87. Profissões de serviços	78
88. Profissões militares e postos	79
89. Oficiais. Padres	80
90. Profissões agrícolas	80
91. Profissões artísticas	81
92. Várias profissões	81
93. Ocupações. Estatuto social	83

Educação	**84**
94. Escola	84
95. Colégio. Universidade	85
96. Ciências. Disciplinas	86
97. Sistema de escrita. Ortografia	86
98. Línguas estrangeiras	87

Descanso. Entretenimento. Viagens	89
99. Viagens	89
100. Hotel	89

EQUIPAMENTO TÉCNICO. TRANSPORTES	91
Equipamento técnico. Transportes	91
101. Computador	91
102. Internet. E-mail	92
103. Eletricidade	93
104. Ferramentas	93

Transportes	96
105. Avião	96
106. Comboio	97
107. Barco	98
108. Aeroporto	99

Eventos	101
109. Férias. Evento	101
110. Funerais. Enterro	102
111. Guerra. Soldados	102
112. Guerra. Ações militares. Parte 1	103
113. Guerra. Ações militares. Parte 2	105
114. Armas	106
115. Povos da antiguidade	108
116. Idade média	108
117. Líder. Chefe. Autoridades	110
118. Viloação da lei. Criminosos. Parte 1	111
119. Viloação da lei. Criminosos. Parte 2	112
120. Polícia. Lei. Parte 1	113
121. Polícia. Lei. Parte 2	114

NATUREZA	116
A Terra. Parte 1	116
122. Espaço sideral	116
123. A Terra	117
124. Pontos cardeais	118
125. Mar. Oceano	118
126. Nomes de Mares e Oceanos	119
127. Montanhas	120
128. Nomes de montanhas	121
129. Rios	121
130. Nomes de rios	122
131. Floresta	122
132. Recursos naturais	123

A Terra. Parte 2	125
133. Tempo	125
134. Tempo extremo. Catástrofes naturais	126

Fauna	127
135. Mamíferos. Predadores	127
136. Animais selvagens	127
137. Animais domésticos	128
138. Pássaros	129
139. Peixes. Animais marinhos	131
140. Amfíbios. Répteis	131
141. Insetos	132

Flora	133
142. Árvores	133
143. Arbustos	133
144. Frutos. Bagas	134
145. Flores. Plantas	134
146. Cereais, grãos	136

PAÍSES. NACIONALIDADES	137
147. Europa Ocidental	137
148. Europa Central e de Leste	137
149. Países da ex-URSS	138
150. Asia	138
151. América do Norte	139
152. América Central do Sul	139
153. Africa	140
154. Austrália. Oceania	140
155. Cidades	140

GUIA DE PRONUNCIAÇÃO

Alfabeto fonético T&P   Exemplo Checo   Exemplo Português

[a]	lavina [lavɪna]	chamar
[a:]	banán [baˈnaːn]	rapaz
[e]	beseda [bɛsɛda]	metal
[ɛ:]	chléb [xlɛːp]	plateia
[ɪ]	Bible [bɪblɛ]	sinónimo
[i:]	chudý [xudiː]	cair
[o]	epocha [ɛpoxa]	lobo
[o:]	diagnóza [dɪagnoːza]	albatroz
[u]	dokument [dokumɛnt]	bonita
[u:]	chůva [xuːva]	blusa
[b]	babička [babɪtʃka]	barril
[ts]	celnice [tsɛlnɪtsɛ]	tsé-tsé
[tʃ]	vlčák [vltʃaːk]	Tchau!
[x]	archeologie [arxɛologɪe]	fricativa uvular surda
[d]	delfín [dɛlfiːn]	dentista
[dʲ]	Holanďan [holandʲan]	adiar
[f]	atmosféra [atmosfɛːra]	safári
[g]	galaxie [galaksɪe]	gosto
[h]	knihovna [knɪhovna]	[h] aspirada
[j]	jídlo [jiːdlo]	géiser
[k]	zaplakat [zaplakat]	kiwi
[l]	chlapec [xlapɛts]	libra
[m]	modelář [modɛlaːrʃ]	magnólia
[n]	imunita [ɪmunɪta]	natureza
[nʲ]	báseň [baːsɛnʲ]	ninhada
[ŋk]	vstupenka [vstupɛŋka]	alavanca
[p]	poločas [polotʃas]	presente
[r]	senátor [sɛnaːtor]	riscar
[rʒ], [rʃ]	bouřka [bourʃka]	voz
[s]	svoboda [svoboda]	sanita
[ʃ]	šiška [ʃɪʃka]	mês
[t]	turista [turɪsta]	tulipa
[tʲ]	poušť [pouʃtʲ]	sitiar
[v]	veverka [vɛvɛrka]	fava
[z]	zapomínat [zapomiːnat]	sésamo
[ʒ]	ložisko [loʒɪsko]	talvez

ABREVIATURAS
usadas no vocabulário

Abreviaturas do Português

adj	-	adjetivo
adv	-	advérbio
anim.	-	animado
conj.	-	conjunção
desp.	-	desporto
etc.	-	etecetra
ex.	-	por exemplo
f	-	nome feminino
f pl	-	feminino plural
fem.	-	feminino
inanim.	-	inanimado
m	-	nome masculino
m pl	-	masculino plural
m, f	-	masculino, feminino
masc.	-	masculino
mat.	-	matemática
mil.	-	militar
pl	-	plural
prep.	-	preposição
pron.	-	pronome
sb.	-	sobre
sing.	-	singular
v aux	-	verbo auxiliar
vi	-	verbo intransitivo
vi, vt	-	verbo intransitivo, transitivo
vr	-	verbo reflexivo
vt	-	verbo transitivo

Abreviaturas do Checo

ž	-	nome feminino
ž mn	-	feminino plural
m	-	nome masculino
m mn	-	masculino plural
m, ž	-	masculino, feminino
mn	-	plural
s	-	neutro
s mn	-	neutro plural

CONCEITOS BÁSICOS

Conceitos básicos. Parte 1

1. Pronomes

eu	já	[ja:]
tu	ty	[tɪ]
ele	on	[on]
ela	ona	[ona]
nós	my	[mɪ]
vocês	vy	[vɪ]
eles, elas (inanim.)	ony	[onɪ]
eles, elas (anim.)	oni	[onɪ]

2. Cumprimentos. Saudações. Despedidas

Olá!	Dobrý den!	[dobri: dɛn]
Bom dia! (formal)	Dobrý den!	[dobri: dɛn]
Bom dia! (de manhã)	Dobré jitro!	[dobrɛ: jɪtro]
Boa tarde!	Dobrý den!	[dobri: dɛn]
Boa noite!	Dobrý večer!	[dobri: vɛtʃɛr]
cumprimentar (vt)	zdravit	[zdravɪt]
Olá!	Ahoj!	[ahoj]
saudação (f)	pozdrav (m)	[pozdraf]
saudar (vt)	zdravit	[zdravɪt]
Como vai?	Jak se máte?	[jak sɛ ma:tɛ]
O que há de novo?	Co je nového?	[tso jɛ novɛ:ho]
Até à vista!	Na shledanou!	[na sxlɛdanou]
Até breve!	Brzy na shledanou!	[brzɪ na sxlɛdanou]
Adeus!	Sbohem!	[zbohɛm]
despedir-se (vr)	loučit se	[loutʃɪt sɛ]
Até logo!	Ahoj!	[ahoj]
Obrigado! -a!	Děkuji!	[dekujɪ]
Muito obrigado! -a!	Děkuji mnohokrát!	[dekujɪ mnohokra:t]
De nada	Prosím	[prosi:m]
Não tem de quê	Nemoci se dočkat	[nɛmotsɪ sɛ dotʃkat]
De nada	Není zač	[nɛni: zatʃ]
Desculpa!	Promiň!	[promɪnʲ]
Desculpe!	Promiňte!	[promɪnʲtɛ]
desculpar (vt)	omlouvat	[omlouvat]

desculpar-se (vr)	omlouvat se	[omlouvat sɛ]
As minhas desculpas	Má soustrast	[ma: soustrast]
Desculpe!	Promiňte!	[promɪnʲtɛ]
perdoar (vt)	omlouvat	[omlouvat]
por favor	prosím	[prosi:m]
Não se esqueça!	Nezapomeňte!	[nɛzapomɛnʲtɛ]
Certamente! Claro!	Jistě!	[jɪste]
Claro que não!	Rozhodně ne!	[rozhodne nɛ]
Está bem! De acordo!	Souhlasím!	[souhlasi:m]
Basta!	Dost!	[dost]

3. Como se dirigir a alguém

senhor	Pane	[panɛ]
senhora	Paní	[pani:]
rapariga	Slečno	[slɛtʃno]
rapaz	Mladý muži	[mladi: muʒɪ]
menino	Chlapče	[xlaptʃɛ]
menina	Děvče	[devtʃɛ]

4. Números cardinais. Parte 1

zero	nula (ž)	[nula]
um	jeden	[jɛdɛn]
dois	dva	[dva]
três	tři	[trʃɪ]
quatro	čtyři	[tʃtɪrʒɪ]
cinco	pět	[pet]
seis	šest	[ʃɛst]
sete	sedm	[sɛdm]
oito	osm	[osm]
nove	devět	[dɛvet]
dez	deset	[dɛsɛt]
onze	jedenáct	[jɛdɛna:ʦt]
doze	dvanáct	[dvana:ʦt]
treze	třináct	[trʃɪna:ʦt]
catorze	čtrnáct	[tʃtrna:ʦt]
quinze	patnáct	[patna:ʦt]
dezasseis	šestnáct	[ʃɛstna:ʦt]
dezassete	sedmnáct	[sɛdmna:ʦt]
dezoito	osmnáct	[osmna:ʦt]
dezanove	devatenáct	[dɛvatɛna:ʦt]
vinte	dvacet	[dvaʦɛt]
vinte e um	dvacet jeden	[dvaʦɛt jɛdɛn]
vinte e dois	dvacet dva	[dvaʦɛt dva]
vinte e três	dvacet tři	[dvaʦɛt trʃɪ]
trinta	třicet	[trʃɪʦɛt]

trinta e um	třicet jeden	[trʃɪtsɛt jɛdɛn]
trinta e dois	třicet dva	[trʃɪtsɛt dva]
trinta e três	třicet tři	[trʃɪtsɛt trʃɪ]
quarenta	čtyřicet	[t͡ʃtɪrʒɪtsɛt]
quarenta e um	čtyřicet jeden	[t͡ʃtɪrʒɪtsɛt jɛdɛn]
quarenta e dois	čtyřicet dva	[t͡ʃtɪrʒɪtsɛt dva]
quarenta e três	čtyřicet tři	[t͡ʃtɪrʒɪtsɛt trʃɪ]
cinquenta	padesát	[padesa:t]
cinquenta e um	padesát jeden	[padesa:t jɛdɛn]
cinquenta e dois	padesát dva	[padesa:t dva]
cinquenta e três	padesát tři	[padesa:t trʃɪ]
sessenta	šedesát	[ʃɛdɛsa:t]
sessenta e um	šedesát jeden	[ʃɛdɛsa:t jɛdɛn]
sessenta e dois	šedesát dva	[ʃɛdɛsa:t dva]
sessenta e três	šedesát tři	[ʃɛdɛsa:t trʃɪ]
setenta	sedmdesát	[sɛdmdɛsa:t]
setenta e um	sedmdesát jeden	[sɛdmdɛsa:t jɛdɛn]
setenta e dois	sedmdesát dva	[sɛdmdɛsa:t dva]
setenta e três	sedmdesát tři	[sɛdmdɛsa:t trʃɪ]
oitenta	osmdesát	[osmdɛsa:t]
oitenta e um	osmdesát jeden	[osmdɛsa:t jɛdɛn]
oitenta e dois	osmdesát dva	[osmdɛsa:t dva]
oitenta e três	osmdesát tři	[osmdɛsa:t trʃɪ]
noventa	devadesát	[dɛvadɛsa:t]
noventa e um	devadesát jeden	[dɛvadɛsa:t jɛdɛn]
noventa e dois	devadesát dva	[dɛvadɛsa:t dva]
noventa e três	devadesát tři	[dɛvadɛsa:t trʃɪ]

5. Números cardinais. Parte 2

cem	sto	[sto]
duzentos	dvě stě	[dve ste]
trezentos	tři sta	[trʃɪ sta]
quatrocentos	čtyři sta	[t͡ʃtɪrʒɪ sta]
quinhentos	pět set	[pet sɛt]
seiscentos	šest set	[ʃɛst sɛt]
setecentos	sedm set	[sɛdm sɛt]
oitocentos	osm set	[osm sɛt]
novecentos	devět set	[dɛvet sɛt]
mil	tisíc (m)	[tɪsi:ts]
dois mil	dva tisíce	[dva tɪsi:tsɛ]
De quem são ...?	tři tisíce	[trʃɪ tɪsi:tsɛ]
dez mil	deset tisíc	[dɛsɛt tɪsi:ts]
cem mil	sto tisíc	[sto tɪsi:ts]
um milhão	milión (m)	[mɪlɪo:n]
mil milhões	miliarda (ž)	[mɪlɪarda]

T&P Books. Vocabulário Português-Checo - 5000 palavras

6. Números ordinais

primeiro	první	[prvni:]
segundo	druhý	[druhi:]
terceiro	třetí	[trʃɛti:]
quarto	čtvrtý	[ʧtvrti:]
quinto	pátý	[pa:ti:]
sexto	šestý	[ʃɛsti:]
sétimo	sedmý	[sɛdmi:]
oitavo	osmý	[osmi:]
nono	devátý	[dɛva:ti:]
décimo	desátý	[dɛsa:ti:]

7. Números. Frações

fração (f)	zlomek (m)	[zlomɛk]
um meio	polovina (ž)	[polovɪna]
um terço	třetina (ž)	[trʃɛtɪna]
um quarto	čtvrtina (ž)	[ʧtvrtɪna]
um oitavo	osmina (ž)	[osmɪna]
um décimo	desetina (ž)	[dɛsɛtɪna]
dois terços	dvě třetiny (ž)	[dve trʃɛtɪnɪ]
três quartos	tři čtvrtiny (ž)	[trʃɪ ʧtvrtɪnɪ]

8. Números. Operações básicas

subtração (f)	odčítání (s)	[odʧi:ta:ni:]
subtrair (vi, vt)	odčítat	[odʧi:tat]
divisão (f)	dělení (s)	[delɛni:]
dividir (vt)	dělit	[delɪt]
adição (f)	sčítání (s)	[sʧi:ta:ni:]
somar (vt)	sečíst	[sɛʧi:st]
adicionar (vt)	přidávat	[prʃɪda:vat]
multiplicação (f)	násobení (s)	[na:sobɛni:]
multiplicar (vt)	násobit	[na:sobɪt]

9. Números. Diversos

algarismo, dígito (m)	číslice (ž)	[ʧi:slɪtsɛ]
número (m)	číslo (s)	[ʧi:slo]
numeral (m)	číslovka (ž)	[ʧi:slofka]
menos (m)	minus (m)	[mi:nus]
mais (m)	plus (m)	[plus]
fórmula (f)	vzorec (m)	[vzorɛts]
cálculo (m)	vypočítávání (s)	[vɪpoʧi:ta:va:ni:]
contar (vt)	počítat	[poʧi:tat]

calcular (vt)	vypočítávat	[vɪpotʃi:ta:vat]
comparar (vt)	srovnávat	[srovna:vat]
Quanto, -os, -as?	Kolik?	[kolɪk]
soma (f)	součet (m)	[soutʃɛt]
resultado (m)	výsledek (m)	[vi:slɛdɛk]
resto (m)	zůstatek (m)	[zu:statɛk]
alguns, algumas ...	několik	[nekolɪk]
um pouco de ...	málo	[ma:lo]
resto (m)	zbytek (m)	[zbɪtɛk]
um e meio	půl druhého	[pu:l druhɛ:ho]
dúzia (f)	tucet (m)	[tutsɛt]
ao meio	napolovic	[napolovɪts]
em partes iguais	stejně	[stɛjne]
metade (f)	polovina (ž)	[polovɪna]
vez (f)	krát	[kra:t]

10. Os verbos mais importantes. Parte 1

abrir (vt)	otvírat	[otvi:rat]
acabar, terminar (vt)	končit	[kontʃɪt]
aconselhar (vt)	radit	[radɪt]
adivinhar (vt)	rozluštit	[rozluʃtɪt]
advertir (vt)	upozorňovat	[upozorɲovat]
ajudar (vt)	pomáhat	[poma:hat]
almoçar (vi)	obědvat	[obedvat]
alugar (~ um apartamento)	pronajímat si	[pronaji:mat sɪ]
amar (vt)	milovat	[mɪlovat]
ameaçar (vt)	vyhrožovat	[vɪhroʒovat]
anotar (escrever)	zapisovat si	[zapɪsovat sɪ]
apressar-se (vr)	spěchat	[spexat]
arrepender-se (vr)	litovat	[lɪtovat]
assinar (vt)	podepisovat	[podɛpɪsovat]
atirar, disparar (vi)	střílet	[strʃi:lɛt]
brincar (vi)	žertovat	[ʒertovat]
brincar, jogar (crianças)	hrát	[hra:t]
buscar (vt)	hledat	[hlɛdat]
caçar (vi)	lovit	[lovɪt]
cair (vi)	padat	[padat]
cavar (vt)	rýt	[ri:t]
cessar (vt)	zastavovat	[zastavovat]
chamar (~ por socorro)	volat	[volat]
chegar (vi)	přijíždět	[prʃɪji:ʒdet]
chorar (vi)	plakat	[plakat]
começar (vt)	začínat	[zatʃi:nat]
comparar (vt)	porovnávat	[porovna:vat]
compreender (vt)	rozumět	[rozumnet]

concordar (vi)   souhlasit   [souhlasɪt]
confiar (vt)   důvěřovat   [duːverʒovat]

confundir (equivocar-se)   plést   [plɛːst]
conhecer (vt)   znát   [znaːt]
contar (fazer contas)   počítat   [potʃiːtat]
contar com (esperar)   spoléhat na ...   [spolɛːhat na]
continuar (vt)   pokračovat   [pokratʃovat]

controlar (vt)   kontrolovat   [kontrolovat]
convidar (vt)   zvát   [zvaːt]
correr (vi)   běžet   [beʒet]
criar (vt)   vytvořit   [vɪtvorʒɪt]
custar (vt)   stát   [staːt]

11. Os verbos mais importantes. Parte 2

dar (vt)   dávat   [daːvat]
dar uma dica   narážet   [naraːʒet]
decorar (enfeitar)   zdobit   [zdobɪt]
defender (vt)   bránit   [braːnɪt]
deixar cair (vt)   pouštět   [pouʃtet]

descer (para baixo)   jít dolů   [jiːt doluː]
desculpar-se (vr)   omlouvat se   [omlouvat sɛ]
dirigir (~ uma empresa)   řídit   [rʒiːdɪt]
discutir (notícias, etc.)   projednávat   [projɛdnaːvat]
dizer (vt)   říci   [rʒiːtsɪ]

duvidar (vt)   pochybovat   [poxɪbovat]
encontrar (achar)   nacházet   [naxaːzɛt]
enganar (vt)   podvádět   [podvaːdet]
entrar (na sala, etc.)   vcházet   [vxaːzet]
enviar (uma carta)   odesílat   [odɛsiːlat]

errar (equivocar-se)   mýlit se   [miːlɪt sɛ]
escolher (vt)   vybírat   [vɪbiːrat]
esconder (vt)   schovávat   [sxovaːvat]
escrever (vt)   psát   [psaːt]
esperar (o autocarro, etc.)   čekat   [tʃɛkat]

esperar (ter esperança)   doufat   [doufat]
esquecer (vt)   zapomínat   [zapomiːnat]
estudar (vt)   studovat   [studovat]
exigir (vt)   žádat   [ʒaːdat]
existir (vi)   existovat   [ɛgzɪstovat]

explicar (vt)   vysvětlovat   [vɪsvetlovat]
falar (vi)   mluvit   [mluvɪt]
faltar (clases, etc.)   zameškávat   [zameʃkaːvat]
fazer (vt)   dělat   [delat]
ficar em silêncio   mlčet   [mltʃɛt]
gabar-se, jactar-se (vr)   vychloubat se   [vɪxloubat sɛ]
gostar (apreciar)   líbit se   [liːbɪt sɛ]

gritar (vi)	křičet	[krʃɪtʃɛt]
guardar (cartas, etc.)	zachovávat	[zaxova:vat]
informar (vt)	informovat	[ɪnformovat]
insistir (vi)	trvat	[trvat]

insultar (vt)	urážet	[ura:ʒet]
interessar-se (vr)	zajímat se	[zaji:mat sɛ]
ir (a pé)	jít	[ji:t]
ir nadar	koupat se	[koupat sɛ]
jantar (vi)	večeřet	[vɛtʃɛrʒɛt]

12. Os verbos mais importantes. Parte 3

ler (vt)	číst	[tʃi:st]
libertar (cidade, etc.)	osvobozovat	[osvobozovat]
matar (vt)	zabíjet	[zabi:jɛt]
mencionar (vt)	zmiňovat se	[zmɪnʲovat sɛ]
mostrar (vt)	ukazovat	[ukazovat]

mudar (modificar)	změnit	[zmnenɪt]
nadar (vi)	plavat	[plavat]
negar-se a ...	odmítat	[odmi:tat]
objetar (vt)	namítat	[nami:tat]

observar (vt)	pozorovat	[pozorovat]
ordenar (mil.)	rozkazovat	[roskazovat]
ouvir (vt)	slyšet	[slɪʃɛt]
pagar (vt)	platit	[platɪt]
parar (vi)	zastavovat se	[zastavovat sɛ]

participar (vi)	zúčastnit se	[zu:tʃastnɪt sɛ]
pedir (comida)	objednávat	[objɛdna:vat]
pedir (um favor, etc.)	prosit	[prosɪt]
pegar (tomar)	brát	[bra:t]
pensar (vt)	myslit	[mɪslɪt]

perceber (ver)	všímat si	[vʃi:mat sɪ]
perdoar (vt)	odpouštět	[otpouʃtet]
perguntar (vt)	ptát se	[pta:t sɛ]
permitir (vt)	dovolovat	[dovolovat]
pertencer a ...	patřit	[patrʃɪt]

planear (vt)	plánovat	[pla:novat]
poder (vi)	moci	[motsɪ]
possuir (vt)	vlastnit	[vlastnɪt]

| preferir (vt) | dávat přednost | [da:vat prʃɛdnost] |
| preparar (vt) | vařit | [varʒɪt] |

prever (vt)	předvídat	[prʃɛdvi:dat]
prometer (vt)	slibovat	[slɪbovat]
pronunciar (vt)	vyslovovat	[vɪslovovat]
propor (vt)	nabízet	[nabi:zɛt]
punir (castigar)	trestat	[trɛstat]

13. Os verbos mais importantes. Parte 4

queixar-se (vr)	stěžovat si	[steʒovat sɪ]
querer (desejar)	chtít	[xti:t]
recomendar (vt)	doporučovat	[doporutʃovat]
repetir (dizer outra vez)	opakovat	[opakovat]
repreender (vt)	nadávat	[nada:vat]
reservar (~ um quarto)	rezervovat	[rɛzɛrvovat]
responder (vt)	odpovídat	[otpovi:dat]
rezar, orar (vi)	modlit se	[modlɪt sɛ]
rir (vi)	smát se	[sma:t sɛ]
roubar (vt)	krást	[kra:st]
saber (vt)	vědět	[vedet]
sair (~ de casa)	vycházet	[vɪxa:zɛt]
salvar (vt)	zachraňovat	[zaxranʲovat]
seguir ...	následovat	[na:slɛdovat]
sentar-se (vr)	sednout si	[sɛdnout sɪ]
ser necessário	být potřebný	[bi:t potrʃɛbni:]
ser, estar	být	[bi:t]
significar (vt)	znamenat	[znamɛnat]
sorrir (vi)	usmívat se	[usmi:vat sɛ]
subestimar (vt)	podceňovat	[podtsɛnʲovat]
surpreender-se (vr)	divit se	[dɪvɪt sɛ]
tentar (vt)	zkoušet	[skouʃɛt]
ter (vt)	mít	[mi:t]
ter fome	mít hlad	[mi:t hlat]
ter medo	bát se	[ba:t sɛ]
ter sede	mít žízeň	[mi:t ʒi:zɛnʲ]
tocar (com as mãos)	dotýkat se	[doti:kat sɛ]
tomar o pequeno-almoço	snídat	[sni:dat]
trabalhar (vi)	pracovat	[pratsovat]
traduzir (vt)	překládat	[prʃɛkla:dat]
unir (vt)	sjednocovat	[sjɛdnotsovat]
vender (vt)	prodávat	[proda:vat]
ver (vt)	vidět	[vɪdet]
virar (ex. ~ à direita)	zatáčet	[zata:tʃɛt]
voar (vi)	letět	[lɛtet]

14. Cores

cor (f)	barva (ž)	[barva]
matiz (m)	odstín (m)	[otsti:n]
tom (m)	tón (m)	[to:n]
arco-íris (m)	duha (ž)	[duha]
branco	bílý	[bi:li:]
preto	černý	[tʃɛrni:]

cinzento	šedý	[ʃɛdi:]
verde	zelený	[zɛlɛni:]
amarelo	žlutý	[ʒluti:]
vermelho	červený	[tʃɛrvɛni:]

azul	modrý	[modri:]
azul claro	bledě modrý	[blɛdě modri:]
rosa	růžový	[ru:ʒovi:]
laranja	oranžový	[oranʒovi:]
violeta	fialový	[fɪalovi:]
castanho	hnědý	[hnedi:]

| dourado | zlatý | [zlati:] |
| prateado | stříbřitý | [strʃi:brʒɪti:] |

bege	béžový	[bɛ:ʒovi:]
creme	krémový	[krɛ:movi:]
turquesa	tyrkysový	[tɪrkɪsovi:]
vermelho cereja	višňový	[vɪʃnʲovi:]
lilás	lila	[lɪla]
carmesim	malinový	[malɪnovi:]

claro	světlý	[svetli:]
escuro	tmavý	[tmavi:]
vivo	jasný	[jasni:]

de cor	barevný	[barɛvni:]
a cores	barevný	[barɛvni:]
preto e branco	černobílý	[tʃɛrnobi:li:]
unicolor	jednobarevný	[jɛdnobarɛvni:]
multicor	různobarevný	[ru:znobarɛvni:]

15. Questões

Quem?	Kdo?	[gdo]
Que?	Co?	[tso]
Onde?	Kde?	[gdɛ]
Para onde?	Kam?	[kam]
De onde?	Odkud?	[otkut]
Quando?	Kdy?	[gdɪ]
Para quê?	Proč?	[protʃ]
Porquê?	Proč?	[protʃ]

Para quê?	Na co?	[na tso]
Como?	Jak?	[jak]
Qual?	Jaký?	[jaki:]
Qual? (entre dois ou mais)	Který?	[ktɛri:]

A quem?	Komu?	[komu]
Sobre quem?	O kom?	[o kom]
Do quê?	O čem?	[o tʃɛm]
Com quem?	S kým?	[s ki:m]
Quanto, -os, -as?	Kolik?	[kolɪk]
De quem? (masc.)	Čí?	[tʃi:]

16. Preposições

com (prep.)	s, se	[s], [sɛ]
sem (prep.)	bez	[bɛz]
a, para (exprime lugar)	do	[do]
sobre (ex. falar ~)	o	[o]
antes de ...	před	[prʃɛt]
diante de ...	před	[prʃɛt]
sob (debaixo de)	pod	[pot]
sobre (em cima de)	nad	[nat]
sobre (~ a mesa)	na	[na]
de (vir ~ Lisboa)	z	[z]
de (feito ~ pedra)	z	[z]
dentro de (~ dez minutos)	za	[za]
por cima de ...	přes	[prʃɛs]

17. Palavras funcionais. Advérbios. Parte 1

Onde?	Kde?	[gdɛ]
aqui	zde	[zdɛ]
lá, ali	tam	[tam]
em algum lugar	někde	[nɛgdɛ]
em lugar nenhum	nikde	[nɪgdɛ]
ao pé de ...	u ...	[u]
ao pé da janela	u okna	[u okna]
Para onde?	Kam?	[kam]
para cá	sem	[sɛm]
para lá	tam	[tam]
daqui	odsud	[otsut]
de lá, dali	odtamtud	[odtamtut]
perto	blízko	[bli:sko]
longe	daleko	[dalɛko]
perto de ...	kolem	[kolɛm]
ao lado de	poblíž	[pobli:ʒ]
perto, não fica longe	nedaleko	[nɛdalɛko]
esquerdo	levý	[lɛvi:]
à esquerda	zleva	[zlɛva]
para esquerda	vlevo	[vlɛvo]
direito	pravý	[pravi:]
à direita	zprava	[sprava]
para direita	vpravo	[vpravo]
à frente	zpředu	[sprʃɛdu]
da frente	přední	[prʃɛdni:]

T&P Books. Vocabulário Português-Checo - 5000 palavras

em frente (para a frente)	vpřed	[vprʃɛt]
atrás de ...	za	[za]
por detrás (vir ~)	zezadu	[zɛzadu]
para trás	zpět	[spet]

| meio (m), metade (f) | střed (m) | [strʃɛt] |
| no meio | uprostřed | [uprostrʃɛt] |

de lado	z boku	[z boku]
em todo lugar	všude	[vʃudɛ]
ao redor (olhar ~)	kolem	[kolɛm]

de dentro	zevnitř	[zɛvnɪtrʃ]
para algum lugar	někam	[nekam]
diretamente	přímo	[prʃi:mo]
de volta	zpět	[spet]

| de algum lugar | odněkud | [odnekut] |
| de um lugar | odněkud | [odnekut] |

em primeiro lugar	za prvé	[za prvɛ:]
em segundo lugar	za druhé	[za druhɛ:]
em terceiro lugar	za třetí	[za trʃɛti:]

de repente	najednou	[najɛdnou]
no início	zpočátku	[spotʃa:tku]
pela primeira vez	poprvé	[poprvɛ:]
muito antes de ...	dávno před ...	[da:vno prʃɛt]
de novo, novamente	znovu	[znovu]
para sempre	navždy	[navʒdɪ]

nunca	nikdy	[nɪgdɪ]
de novo	opět	[opet]
agora	nyní	[nɪni:]
frequentemente	často	[tʃasto]
então	tehdy	[tɛhdɪ]
urgentemente	neodkladně	[nɛotkladne]
usualmente	obyčejně	[obɪtʃɛjne]

a propósito, ...	mimochodem	[mɪmoxodɛm]
é possível	možná	[moʒna:]
provavelmente	asi	[asɪ]
talvez	možná	[moʒna:]
além disso, ...	kromě toho ...	[kromne toho]
por isso ...	proto ...	[proto]
apesar de ...	nehledě na ...	[nɛhlɛde na]
graças a ...	díky ...	[di:kɪ]

que (pron.)	co	[tso]
que (conj.)	že	[ʒe]
algo	něco	[nɛtso]
alguma coisa	něco	[nɛtso]
nada	nic	[nɪts]

| quem | kdo | [gdo] |
| alguém (~ teve uma ideia ...) | někdo | [negdo] |

21

alguém	někdo	[nɛgdo]
ninguém	nikdo	[nɪgdo]
para lugar nenhum	nikam	[nɪkam]
de ninguém	ničí	[nɪtʃi:]
de alguém	něčí	[nɛtʃi:]

tão	tak	[tak]
também (gostaria ~ de ...)	také	[takɛ:]
também (~ eu)	také	[takɛ:]

18. Palavras funcionais. Advérbios. Parte 2

Porquê?	Proč?	[protʃ]
por alguma razão	z nějakých důvodů	[z nejaki:x du:vodu:]
porque ...	protože ...	[protoʒe]
por qualquer razão	z nějakých důvodů	[z nejaki:x du:vodu:]

e (tu ~ eu)	a	[a]
ou (ser ~ não ser)	nebo	[nɛbo]
mas (porém)	ale	[alɛ]
para (~ a minha mãe)	pro	[pro]

demasiado, muito	příliš	[prʃi:lɪʃ]
só, somente	jenom	[jɛnom]
exatamente	přesně	[prʃɛsne]
cerca de (~ 10 kg)	kolem	[kolɛm]

aproximadamente	přibližně	[prʃɪblɪʒne]
aproximado	přibližný	[prʃɪblɪʒni:]
quase	skoro	[skoro]
resto (m)	zbytek (m)	[zbɪtɛk]

cada	každý	[kaʒdi:]
qualquer	každý	[kaʒdi:]
muito	mnoho	[mnoho]
muitas pessoas	mnozí	[mnozi:]
todos	všichni	[vʃɪxnɪ]

| em troca de ... | výměnou za ... | [vi:mnenou za] |
| em troca | místo | [mi:sto] |

| à mão | ručně | [rutʃne] |
| pouco provável | sotva | [sotva] |

provavelmente	asi	[asɪ]
de propósito	schválně	[sxva:lne]
por acidente	náhodou	[na:hodou]

muito	velmi	[vɛlmɪ]
por exemplo	například	[naprʃi:klat]
entre	mezi	[mɛzɪ]
entre (no meio de)	mezi	[mɛzɪ]
tanto	tolik	[tolɪk]
especialmente	zejména	[zɛjmɛ:na]

Conceitos básicos. Parte 2

19. Dias da semana

segunda-feira (f)	pondělí (s)	[pondeli:]
terça-feira (f)	úterý (s)	[u:tɛri:]
quarta-feira (f)	středa (ž)	[strʃɛda]
quinta-feira (f)	čtvrtek (m)	[tʃtvrtɛk]
sexta-feira (f)	pátek (m)	[pa:tɛk]
sábado (m)	sobota (ž)	[sobota]
domingo (m)	neděle (ž)	[nɛdelɛ]

hoje	dnes	[dnɛs]
amanhã	zítra	[zi:tra]
depois de amanhã	pozítří	[pozi:trʃi:]
ontem	včera	[vtʃɛra]
anteontem	předevčírem	[prʃɛdɛvtʃi:rɛm]

dia (m)	den (m)	[dɛn]
dia (m) de trabalho	pracovní den (m)	[pratsovni: dɛn]
feriado (m)	sváteční den (m)	[sva:tɛtʃni: dɛn]
dia (m) de folga	volno (s)	[volno]
fim (m) de semana	víkend (m)	[vi:kɛnt]

o dia todo	celý den	[tsɛli: dɛn]
no dia seguinte	příští den	[prʃi:ʃti: dɛn]
há dois dias	před dvěma dny	[prʃɛd dvema dnɪ]
na véspera	den předtím	[dɛn prʃɛdti:m]
diário	denní	[dɛnni:]
todos os dias	denně	[dɛnne]

semana (f)	týden (m)	[ti:dɛn]
na semana passada	minulý týden	[mɪnuli: ti:dɛn]
na próxima semana	příští týden	[prʃi:ʃti: ti:dɛn]
semanal	týdenní	[ti:dɛnni:]
cada semana	týdně	[ti:dne]
duas vezes por semana	dvakrát týdně	[dvakra:t ti:dne]
cada terça-feira	každé úterý	[kaʒdɛ: u:tɛri:]

20. Horas. Dia e noite

manhã (f)	ráno (s)	[ra:no]
de manhã	ráno	[ra:no]
meio-dia (m)	poledne (s)	[polɛdnɛ]
à tarde	odpoledne	[otpolɛdnɛ]

noite (f)	večer (m)	[vɛtʃɛr]
à noite (noitinha)	večer	[vɛtʃɛr]

noite (f)	noc (ž)	[nots]
à noite	v noci	[v notsɪ]
meia-noite (f)	půlnoc (ž)	[pu:lnots]
segundo (m)	sekunda (ž)	[sɛkunda]
minuto (m)	minuta (ž)	[mɪnuta]
hora (f)	hodina (ž)	[hodɪna]
meia hora (f)	půlhodina (ž)	[pu:lhodɪna]
quarto (m) de hora	čtvrthodina (ž)	[tʃtvrthodɪna]
quinze minutos	patnáct minut	[patna:tst mɪnut]
vinte e quatro horas	den a noc	[dɛn a nots]
nascer (m) do sol	východ (m) slunce	[vi:xod sluntsɛ]
amanhecer (m)	úsvit (m)	[u:svɪt]
madrugada (f)	časné ráno (s)	[tʃasnɛ: ra:no]
pôr do sol (m)	západ (m) slunce	[za:pat sluntsɛ]
de madrugada	brzy ráno	[brzɪ ra:no]
hoje de manhã	dnes ráno	[dnɛs ra:no]
amanhã de manhã	zítra ráno	[zi:tra ra:no]
hoje à tarde	dnes odpoledne	[dnɛs otpolɛdnɛ]
à tarde	odpoledne	[otpolɛdnɛ]
amanhã à tarde	zítra odpoledne	[zi:tra otpolɛdnɛ]
hoje à noite	dnes večer	[dnɛs vɛtʃɛr]
amanhã à noite	zítra večer	[zi:tra vɛtʃɛr]
às três horas em ponto	přesně ve tři hodiny	[pr̝ɛsne vɛ trʃɪ hodɪnɪ]
por volta das quatro	kolem čtyř hodin	[kolɛm tʃtɪrʒ hodɪn]
às doze	do dvanácti hodin	[do dvana:tstɪ hodɪn]
dentro de vinte minutos	za dvacet minut	[za dvatsɛt mɪnut]
dentro duma hora	za hodinu	[za hodɪnu]
a tempo	včas	[vtʃas]
menos um quarto	tři čtvrtě	[trʃɪ tʃtvrte]
durante uma hora	během hodiny	[behɛm hodɪnɪ]
a cada quinze minutos	každých patnáct minut	[kaʒdi:x patna:tst mɪnut]
as vinte e quatro horas	celodenně	[tsɛlodɛnne]

21. Meses. Estações

janeiro (m)	leden (m)	[lɛdɛn]
fevereiro (m)	únor (m)	[u:nor]
março (m)	březen (m)	[brʒɛzɛn]
abril (m)	duben (m)	[dubɛn]
maio (m)	květen (m)	[kvetɛn]
junho (m)	červen (m)	[tʃɛrvɛn]
julho (m)	červenec (m)	[tʃɛrvɛnɛts]
agosto (m)	srpen (m)	[srpɛn]
setembro (m)	září (s)	[za:rʒi:]
outubro (m)	říjen (m)	[rʒi:jɛn]

novembro (m)	listopad (m)	[lɪstopat]
dezembro (m)	prosinec (m)	[prosɪnɛts]
primavera (f)	jaro (s)	[jaro]
na primavera	na jaře	[na jarʒɛ]
primaveril	jarní	[jarni:]
verão (m)	léto (s)	[lɛ:to]
no verão	v létě	[v lɛ:te]
de verão	letní	[lɛtni:]
outono (m)	podzim (m)	[podzɪm]
no outono	na podzim	[na podzɪm]
outonal	podzimní	[podzɪmni:]
inverno (m)	zima (ž)	[zɪma]
no inverno	v zimě	[v zɪmne]
de inverno	zimní	[zɪmni:]
mês (m)	měsíc (m)	[mnesi:ts]
este mês	tento měsíc	[tɛnto mnesi:ts]
no próximo mês	příští měsíc	[prʃi:ʃti: mnesi:ts]
no mês passado	minulý měsíc	[mɪnuli: mnesi:ts]
há um mês	před měsícem	[prʃɛd mnesi:tsɛm]
dentro de um mês	za měsíc	[za mnesi:ts]
dentro de dois meses	za dva měsíce	[za dva mnesi:tsɛ]
todo o mês	celý měsíc	[tsɛli: mnesi:ts]
um mês inteiro	celý měsíc	[tsɛli: mnesi:ts]
mensal	měsíční	[mnesi:tʃni:]
mensalmente	každý měsíc	[kaʒdi: mnesi:ts]
cada mês	měsíčně	[mnesi:tʃne]
duas vezes por mês	dvakrát měsíčně	[dvakra:t mnesi:tʃne]
ano (m)	rok (m)	[rok]
este ano	letos	[lɛtos]
no próximo ano	příští rok	[prʃi:ʃti: rok]
no ano passado	vloni	[vlonɪ]
há um ano	před rokem	[prʃɛd rokɛm]
dentro dum ano	za rok	[za rok]
dentro de 2 anos	za dva roky	[za dva rokɪ]
todo o ano	celý rok	[tsɛli: rok]
um ano inteiro	celý rok	[tsɛli: rok]
cada ano	každý rok	[kaʒdi: rok]
anual	každoroční	[kaʒdorotʃni:]
anualmente	každoročně	[kaʒdorotʃne]
quatro vezes por ano	čtyřikrát za rok	[tʃtɪrʒɪkra:t za rok]
data (~ de hoje)	datum (s)	[datum]
data (ex. ~ de nascimento)	datum (s)	[datum]
calendário (m)	kalendář (m)	[kalɛnda:rʃ]
meio ano	půl roku	[pu:l roku]
seis meses	půlrok (m)	[pu:lrok]

estação (f) období (s) [obdobi:]
século (m) století (s) [stolɛti:]

22. Unidades de medida

peso (m)	váha (ž)	[va:ha]
comprimento (m)	délka (ž)	[dɛ:lka]
largura (f)	šířka (ž)	[ʃi:rʃka]
altura (f)	výška (ž)	[vi:ʃka]
profundidade (f)	hloubka (ž)	[hloupka]
volume (m)	objem (m)	[objɛm]
área (f)	plocha (ž)	[ploxa]

grama (m)	gram (m)	[gram]
miligrama (m)	miligram (m)	[mɪlɪgram]
quilograma (m)	kilogram (m)	[kɪlogram]
tonelada (f)	tuna (ž)	[tuna]
libra (453,6 gramas)	libra (ž)	[lɪbra]
onça (f)	unce (ž)	[untsɛ]

metro (m)	metr (m)	[mɛtr]
milímetro (m)	milimetr (m)	[mɪlɪmɛtr]
centímetro (m)	centimetr (m)	[tsɛntɪmɛtr]
quilómetro (m)	kilometr (m)	[kɪlomɛtr]
milha (f)	míle (ž)	[mi:lɛ]

polegada (f)	coul (m)	[tsoul]
pé (304,74 mm)	stopa (ž)	[stopa]
jarda (914,383 mm)	yard (m)	[jart]

metro (m) quadrado	čtvereční metr (m)	[tʃtvɛrɛtʃni: mɛtr]
hectare (m)	hektar (m)	[hɛktar]

litro (m)	litr (m)	[lɪtr]
grau (m)	stupeň (m)	[stupɛnʲ]
volt (m)	volt (m)	[volt]
ampere (m)	ampér (m)	[ampɛ:r]
cavalo-vapor (m)	koňská síla (ž)	[konʲska: si:la]

quantidade (f)	množství (s)	[mnoʒstvi:]
um pouco de ...	trochu ...	[troxu]
metade (f)	polovina (ž)	[polovɪna]

dúzia (f)	tucet (m)	[tutsɛt]
peça (f)	kus (m)	[kus]

dimensão (f)	rozměr (m)	[rozmner]
escala (f)	měřítko (s)	[mnerʒi:tko]

mínimo	minimální	[mɪnɪma:lni:]
menor, mais pequeno	nejmenší	[nɛjmɛnʃi:]
médio	střední	[strʃɛdni:]
máximo	maximální	[maksɪma:lni:]
maior, mais grande	největší	[nɛjvɛtʃi:]

23. Recipientes

boião (m) de vidro	sklenice (ž)	[sklɛnɪtsɛ]
lata (~ de cerveja)	plechovka (ž)	[plɛxofka]
balde (m)	vědro (s)	[vedro]
barril (m)	sud (m)	[sut]
bacia (~ de plástico)	mísa (ž)	[mi:sa]
tanque (m)	nádrž (ž)	[na:drʃ]
cantil (m) de bolso	plochá láhev (ž)	[ploxa: la:gɛf]
bidão (m) de gasolina	kanystr (m)	[kanɪstr]
cisterna (f)	cisterna (ž)	[tsɪstɛrna]
caneca (f)	hrníček (m)	[hrni:tʃɛk]
chávena (f)	šálek (m)	[ʃa:lɛk]
pires (m)	talířek (m)	[tali:rʒɛk]
copo (m)	sklenice (ž)	[sklɛnɪtsɛ]
taça (f) de vinho	sklenka (ž)	[sklɛŋka]
panela, caçarola (f)	hrnec (m)	[hrnɛts]
garrafa (f)	láhev (ž)	[la:hɛf]
gargalo (m)	hrdlo (s)	[hrdlo]
jarro, garrafa (f)	karafa (ž)	[karafa]
jarro (m) de barro	džbán (m)	[dʒba:n]
recipiente (m)	nádoba (ž)	[na:doba]
pote (m)	hrnec (m)	[hrnɛts]
vaso (m)	váza (ž)	[va:za]
frasco (~ de perfume)	flakón (m)	[flako:n]
frasquinho (ex. ~ de iodo)	lahvička (ž)	[lahvɪtʃka]
tubo (~ de pasta dentífrica)	tuba (ž)	[tuba]
saca (ex. ~ de açúcar)	pytel (m)	[pɪtɛl]
saco (~ de plástico)	sáček (m)	[sa:tʃɛk]
maço (m)	balíček (m)	[bali:tʃɛk]
caixa (~ de sapatos, etc.)	krabice (ž)	[krabɪtsɛ]
caixa (~ de madeira)	schránka (ž)	[sxra:ŋka]
cesta (f)	koš (m)	[koʃ]

O SER HUMANO

O ser humano. O corpo

24. Cabeça

cabeça (f)	hlava (ž)	[hlava]
cara (f)	obličej (ž)	[oblɪtʃɛj]
nariz (m)	nos (m)	[nos]
boca (f)	ústa (s mn)	[uːsta]

olho (m)	oko (s)	[oko]
olhos (m pl)	oči (s mn)	[otʃɪ]
pupila (f)	zornice (ž)	[zornɪtsɛ]
sobrancelha (f)	obočí (s)	[obotʃiː]
pestana (f)	řasa (ž)	[rʒasa]
pálpebra (f)	víčko (s)	[viːtʃko]

língua (f)	jazyk (m)	[jazɪk]
dente (m)	zub (m)	[zup]
lábios (m pl)	rty (m mn)	[rtɪ]
maçãs (f pl) do rosto	lícní kosti (ž mn)	[liːtsniː kostɪ]
gengiva (f)	dáseň (ž)	[daːsɛnʲ]
palato (m)	patro (s)	[patro]

narinas (f pl)	chřípí (s)	[xrʃiːpiː]
queixo (m)	brada (ž)	[brada]
mandíbula (f)	čelist (ž)	[tʃɛlɪst]
bochecha (f)	tvář (ž)	[tvaːrʃ]

testa (f)	čelo (s)	[tʃɛlo]
têmpora (f)	spánek (s)	[spaːnɛk]
orelha (f)	ucho (s)	[uxo]
nuca (f)	týl (m)	[tiːl]
pescoço (m)	krk (m)	[krk]
garganta (f)	hrdlo (s)	[hrdlo]

cabelos (m pl)	vlasy (m mn)	[vlasɪ]
penteado (m)	účes (m)	[uːtʃɛs]
corte (m) de cabelo	střih (m)	[strʃɪx]
peruca (f)	paruka (ž)	[paruka]

bigode (m)	vousy (m mn)	[vousɪ]
barba (f)	plnovous (m)	[plnovous]
usar, ter (~ barba, etc.)	nosit	[nosɪt]
trança (f)	cop (m)	[tsop]
suíças (f pl)	licousy (m mn)	[lɪtsousɪ]
ruivo	zrzavý	[zrzaviː]
grisalho	šedivý	[ʃɛdɪviː]

| calvo | lysý | [lɪsiː] |
| calva (f) | lysina (ž) | [lɪsɪna] |

| rabo-de-cavalo (m) | ocas (m) | [otsas] |
| franja (f) | ofina (ž) | [ofɪna] |

25. Corpo humano

| mão (f) | ruka (ž) | [ruka] |
| braço (m) | ruka (ž) | [ruka] |

dedo (m)	prst (m)	[prst]
polegar (m)	palec (m)	[palɛts]
dedo (m) mindinho	maliček (m)	[maliːtʃɛk]
unha (f)	nehet (m)	[nɛhɛt]

punho (m)	pěst (ž)	[pest]
palma (f) da mão	dlaň (ž)	[dlanʲ]
pulso (m)	zápěstí (s)	[zaːpɛstiː]
antebraço (m)	předloktí (s)	[pr̝ɛdloktiː]
cotovelo (m)	loket (m)	[lokɛt]
ombro (m)	rameno (s)	[ramɛno]

perna (f)	noha (ž)	[noha]
pé (m)	chodidlo (s)	[xodɪdlo]
joelho (m)	koleno (s)	[kolɛno]
barriga (f) da perna	lýtko (s)	[liːtko]
anca (f)	stehno (s)	[stɛhno]
calcanhar (m)	pata (ž)	[pata]

corpo (m)	tělo (s)	[telo]
barriga (f)	břicho (s)	[br̝ɪxo]
peito (m)	prsa (s mn)	[prsa]
seio (m)	prs (m)	[prs]
lado (m)	bok (m)	[bok]
costas (f pl)	záda (s mn)	[zaːda]
região (f) lombar	kříž (m)	[kr̝iːʃ]
cintura (f)	pás (m)	[paːs]

umbigo (m)	pupek (m)	[pupɛk]
nádegas (f pl)	hýždě (ž mn)	[hiːʒde]
traseiro (m)	zadek (m)	[zadɛk]

sinal (m)	mateřské znaménko (s)	[matɛr̝skɛː znamɛːŋko]
tatuagem (f)	tetování (s)	[tɛtovaːniː]
cicatriz (f)	jizva (ž)	[jɪzva]

Vestuário & Acessórios

26. Roupa exterior. Casacos

roupa (f)	oblečení (s)	[oblɛtʃɛni:]
roupa (f) exterior	svrchní oděv (m)	[svrxni: odef]
roupa (f) de inverno	zimní oděv (m)	[zɪmni: odef]
sobretudo (m)	kabát (m)	[kaba:t]
casaco (m) de peles	kožich (m)	[koʒɪx]
casaco curto (m) de peles	krátký kožich (m)	[kra:tki: koʒɪx]
casaco (m) acolchoado	peřová bunda (ž)	[pɛrʒova: bunda]
casaco, blusão (m)	bunda (ž)	[bunda]
impermeável (m)	plášť (m)	[pla:ʃtʲ]
impermeável	nepromokavý	[nɛpromokavi:]

27. Vestuário de homem & mulher

camisa (f)	košile (ž)	[koʃɪlɛ]
calças (f pl)	kalhoty (ž mn)	[kalhotɪ]
calças (f pl) de ganga	džínsy (m mn)	[dʒi:nsɪ]
casaco (m) de fato	sako (s)	[sako]
fato (m)	pánský oblek (m)	[pa:nski: oblɛk]
vestido (ex. ~ vermelho)	šaty (m mn)	[ʃatɪ]
saia (f)	sukně (ž)	[sukne]
blusa (f)	blůzka (ž)	[blu:ska]
casaco (m) de malha	svetr (m)	[svɛtr]
casaco, blazer (m)	žaket (m)	[ʒakɛt]
T-shirt, camiseta (f)	tričko (s)	[trɪtʃko]
calções (Bermudas, etc.)	šortky (ž mn)	[ʃortkɪ]
fato (m) de treino	tepláková souprava (ž)	[tɛpla:kova: souprava]
roupão (m) de banho	župan (m)	[ʒupan]
pijama (m)	pyžamo (s)	[piʒamo]
suéter (m)	svetr (m)	[svɛtr]
pulôver (m)	pulovr (m)	[pulovr]
colete (m)	vesta (ž)	[vɛsta]
fraque (m)	frak (m)	[frak]
smoking (m)	smoking (m)	[smokɪŋk]
uniforme (m)	uniforma (ž)	[unɪforma]
roupa (f) de trabalho	pracovní oděv (m)	[pratsovni: odef]
fato-macaco (m)	kombinéza (ž)	[kombɪnɛ:za]
bata (~ branca, etc.)	plášť (m)	[pla:ʃtʲ]

28. Vestuário. Roupa interior

roupa (f) interior	spodní prádlo (s)	[spodni: pra:dlo]
camisola (f) interior	tílko (s)	[tilko]
peúgas (f pl)	ponožky (ž mn)	[ponoʃkɪ]
camisa (f) de noite	noční košile (ž)	[notʃni: koʃɪlɛ]
sutiã (m)	podprsenka (ž)	[potprsɛŋka]
meias longas (f pl)	podkolenky (ž mn)	[potkolɛŋkɪ]
meia-calça (f)	punčochové kalhoty (ž mn)	[puntʃoxovɛ: kalgotɪ]
meias (f pl)	punčochy (ž mn)	[puntʃoxɪ]
fato (m) de banho	plavky (ž mn)	[plafkɪ]

29. Adereços de cabeça

chapéu (m)	čepice (ž)	[tʃɛpɪtsɛ]
chapéu (m) de feltro	klobouk (m)	[klobouk]
boné (m) de beisebol	kšiltovka (ž)	[kʃɪltofka]
boné (m)	čepice (ž)	[tʃɛpɪtsɛ]
boina (f)	baret (m)	[barɛt]
capuz (m)	kapuce (ž)	[kaputsɛ]
panamá (m)	panamský klobouk (m)	[panamski: klobouk]
gorro (m) de malha	pletená čepice (ž)	[plɛtɛna: tʃɛpɪtsɛ]
lenço (m)	šátek (m)	[ʃa:tɛk]
chapéu (m) de mulher	klobouček (m)	[kloboutʃɛk]
capacete (m) de proteção	přilba (ž)	[prʃɪlba]
bibico (m)	lodička (ž)	[lodɪtʃka]
capacete (m)	helma (ž)	[hɛlma]
chapéu-coco (m)	tvrďák (m)	[tvrdʲa:k]
chapéu (m) alto	válec (m)	[va:lɛts]

30. Calçado

calçado (m)	obuv (ž)	[obuʃ]
botinas (f pl)	boty (ž mn)	[botɪ]
sapatos (de salto alto, etc.)	střevíce (m mn)	[strʃɛvi:tsɛ]
botas (f pl)	holínky (ž mn)	[holi:ŋkɪ]
pantufas (f pl)	bačkory (ž mn)	[batʃkorɪ]
ténis (m pl)	tenisky (ž mn)	[tɛnɪskɪ]
sapatilhas (f pl)	kecky (ž mn)	[kɛtskɪ]
sandálias (f pl)	sandály (m mn)	[sanda:lɪ]
sapateiro (m)	obuvník (m)	[obuvni:k]
salto (m)	podpatek (m)	[potpatɛk]
par (m)	pár (m)	[pa:r]
atacador (m)	tkanička (ž)	[tkanɪtʃka]

apertar os atacadores	šněrovat	[ʃnerovat]
calçadeira (f)	lžíce (ž) na boty	[ʒiːtsɛ na botɪ]
graxa (f) para calçado	krém (m) na boty	[krɛːm na botɪ]

31. Acessórios pessoais

luvas (f pl)	rukavice (ž mn)	[rukavɪtsɛ]
mitenes (f pl)	palčáky (m mn)	[paltʃaːkɪ]
cachecol (m)	šála (ž)	[ʃaːla]

óculos (m pl)	brýle (ž mn)	[briːlɛ]
armação (f) de óculos	obroučky (m mn)	[obroutʃkɪ]
guarda-chuva (m)	deštník (m)	[dɛʃtniːk]
bengala (f)	hůl (ž)	[huːl]
escova (f) para o cabelo	kartáč (m) na vlasy	[kartaːtʃ na vlasɪ]
leque (m)	vějíř (m)	[vejiːrʃ]

gravata (f)	kravata (ž)	[kravata]
gravata-borboleta (f)	motýlek (m)	[motiːlɛk]
suspensórios (m pl)	šle (ž mn)	[ʃlɛ]
lenço (m)	kapesník (m)	[kapesniːk]

pente (m)	hřeben (m)	[hrʒɛbɛn]
travessão (m)	sponka (ž)	[spoŋka]
gancho (m) de cabelo	vlásnička (ž)	[vlaːsnɪtʃka]
fivela (f)	spona (ž)	[spona]

| cinto (m) | pás (m) | [paːs] |
| correia (f) | řemen (m) | [rʒɛmɛn] |

mala (f)	taška (ž)	[taʃka]
mala (f) de senhora	kabelka (ž)	[kabɛlka]
mochila (f)	batoh (m)	[batox]

32. Vestuário. Diversos

moda (f)	móda (ž)	[moːda]
na moda	módní	[moːdniː]
estilista (m)	modelář (m)	[modɛlaːrʃ]

colarinho (m), gola (f)	límec (m)	[liːmɛts]
bolso (m)	kapsa (ž)	[kapsa]
de bolso	kapesní	[kapɛsniː]
manga (f)	rukáv (m)	[rukaːʃ]
alcinha (f)	poutko (s)	[poutko]
braguilha (f)	poklopec (m)	[poklopɛts]

fecho (m) de correr	zip (m)	[zɪp]
fecho (m), colchete (m)	spona (ž)	[spona]
botão (m)	knoflík (m)	[knofliːk]
casa (f) de botão	knoflíková dírka (ž)	[knofliːkova: diːrka]
soltar-se (vr)	utrhnout se	[utrhnout sɛ]

coser, costurar (vi)	šít	[ʃiːt]
bordar (vt)	vyšívat	[vɪʃiːvat]
bordado (m)	výšivka (ž)	[viːʃɪfka]
agulha (f)	jehla (ž)	[jɛhla]
fio (m)	nit (ž)	[nɪt]
costura (f)	šev (m)	[ʃɛf]

sujar-se (vr)	ušpinit se	[uʃpɪnɪt sɛ]
mancha (f)	skvrna (ž)	[skvrna]
engelhar-se (vr)	pomačkat se	[pomatʃkat sɛ]
rasgar (vt)	roztrhat	[roztrhat]
traça (f)	mol (m)	[mol]

33. Cuidados pessoais. Cosméticos

pasta (f) de dentes	zubní pasta (ž)	[zubniː pasta]
escova (f) de dentes	kartáček (m) na zuby	[kartaːtʃɛk na zubɪ]
escovar os dentes	čistit si zuby	[tʃɪstɪt sɪ zubɪ]

máquina (f) de barbear	holicí strojek (m)	[holɪtsiː strojɛk]
creme (m) de barbear	krém (m) na holení	[krɛːm na holɛniː]
barbear-se (vr)	holit se	[holɪt sɛ]

| sabonete (m) | mýdlo (s) | [miːdlo] |
| champô (m) | šampon (m) | [ʃampon] |

tesoura (f)	nůžky (ž mn)	[nuːʃkɪ]
lima (f) de unhas	pilník (m) na nehty	[pɪlniːk na nɛxtɪ]
corta-unhas (m)	kleštičky (ž mn) na nehty	[klɛʃtɪtʃkɪ na nɛxtɪ]
pinça (f)	pinzeta (ž)	[pɪnzeta]

cosméticos (m pl)	kosmetika (ž)	[kosmɛtɪka]
máscara (f) facial	kosmetická maska (ž)	[kosmɛtɪtska: maska]
manicura (f)	manikúra (ž)	[manɪkuːra]
fazer a manicura	dělat manikúru	[delat manɪkuːru]
pedicure (f)	pedikúra (ž)	[pɛdɪkuːra]

mala (f) de maquilhagem	kosmetická kabelka (ž)	[kosmɛtɪtska: kabɛlka]
pó (m)	pudr (m)	[pudr]
caixa (f) de pó	pudřenka (ž)	[pudrʒɛŋka]
blush (m)	červené líčidlo (s)	[tʃɛrvɛnɛː liːtʃɪdlo]

perfume (m)	voňavka (ž)	[voɲafka]
água (f) de toilette	toaletní voda (ž)	[toalɛtniː voda]
loção (f)	pleťová voda (ž)	[plɛtʲova: voda]
água-de-colónia (f)	kolínská voda (ž)	[koliːnska: voda]

sombra (f) de olhos	oční stíny (m mn)	[otʃni: stiːnɪ]
lápis (m) delineador	tužka (ž) na oči	[tuʃka na otʃɪ]
máscara (f), rímel (m)	řasenka (ž)	[rʒasɛŋka]

batom (m)	rtěnka (ž)	[rtɛŋka]
verniz (m) de unhas	lak (m) na nehty	[lak na nɛxtɪ]
laca (f) para cabelos	lak (m) na vlasy	[lak na vlasɪ]

desodorizante (m)	deodorant (m)	[dɛodorant]
creme (m)	krém (m)	[krɛ:m]
creme (m) de rosto	pleťový krém (m)	[plɛtʲovi: krɛ:m]
creme (m) de mãos	krém (m) na ruce	[krɛ:m na ruʦɛ]
creme (m) antirrugas	krém (m) proti vráskám	[krɛ:m protɪ vra:ska:m]
de dia	denní	[dɛnni:]
da noite	noční	[notʃni:]
tampão (m)	tampón (m)	[tampo:n]
papel (m) higiénico	toaletní papír (m)	[toalɛtni: papi:r]
secador (m) elétrico	fén (m)	[fɛ:n]

34. Relógios de pulso. Relógios

relógio (m) de pulso	hodinky (ž mn)	[hodɪŋkɪ]
mostrador (m)	ciferník (m)	[ʦɪfɛrni:k]
ponteiro (m)	ručička (ž)	[rutʃɪtʃka]
bracelete (f) em aço	náramek (m)	[na:ramɛk]
bracelete (f) em couro	pásek (m)	[pa:sɛk]
pilha (f)	baterka (ž)	[batɛrka]
descarregar-se	vybít se	[vɪbi:t sɛ]
trocar a pilha	vyměnit baterku	[vɪmnenɪt batɛrku]
estar adiantado	jít napřed	[ji:t naprʃɛt]
estar atrasado	opožďovat se	[opoʒdʲovat sɛ]
relógio (m) de parede	nástěnné hodiny (ž mn)	[na:stennɛ: hodɪnɪ]
ampulheta (f)	přesýpací hodiny (ž mn)	[prʃɛsi:paʦi: hodɪnɪ]
relógio (m) de sol	sluneční hodiny (ž mn)	[slunɛtʃni: hodɪnɪ]
despertador (m)	budík (m)	[budi:k]
relojoeiro (m)	hodinář (m)	[hodɪna:rʃ]
reparar (vt)	opravovat	[opravovat]

Alimentação. Nutrição

35. Comida

carne (f)	maso (s)	[maso]
galinha (f)	slepice (ž)	[slɛpɪtsɛ]
frango (m)	kuře (s)	[kurʒɛ]
pato (m)	kachna (ž)	[kaxna]
ganso (m)	husa (ž)	[husa]
caça (f)	zvěřina (ž)	[zverʒɪna]
peru (m)	krůta (ž)	[kru:ta]
carne (f) de porco	vepřové (s)	[vɛprʃovɛ:]
carne (f) de vitela	telecí (s)	[tɛlɛtsi:]
carne (f) de carneiro	skopové (s)	[skopovɛ:]
carne (f) de vaca	hovězí (s)	[hovezi:]
carne (f) de coelho	králík (m)	[kra:li:k]
chouriço, salsichão (m)	salám (m)	[sala:m]
salsicha (f)	párek (m)	[pa:rɛk]
bacon (m)	slanina (ž)	[slanɪna]
fiambre (f)	šunka (ž)	[ʃuŋka]
presunto (m)	kýta (ž)	[ki:ta]
patê (m)	paštika (ž)	[paʃtɪka]
fígado (m)	játra (s mn)	[ja:tra]
carne (f) moída	mleté maso (s)	[mlɛtɛ: maso]
língua (f)	jazyk (m)	[jazɪk]
ovo (m)	vejce (s)	[vɛjtsɛ]
ovos (m pl)	vejce (s mn)	[vɛjtsɛ]
clara (f) do ovo	bílek (m)	[bi:lɛk]
gema (f) do ovo	žloutek (m)	[ʒloutɛk]
peixe (m)	ryby (ž mn)	[rɪbɪ]
mariscos (m pl)	mořské plody (m mn)	[morʃskɛ: plodɪ]
caviar (m)	kaviár (m)	[kavɪa:r]
caranguejo (m)	krab (m)	[krap]
camarão (m)	kreveta (ž)	[krɛvɛta]
ostra (f)	ústřice (ž)	[u:strʃɪtsɛ]
lagosta (f)	langusta (ž)	[langusta]
polvo (m)	chobotnice (ž)	[xobotnɪtsɛ]
lula (f)	sépie (ž)	[sɛ:pɪe]
esturjão (m)	jeseter (m)	[jɛsɛtɛr]
salmão (m)	losos (m)	[losos]
halibute (m)	platýs (m)	[plati:s]
bacalhau (m)	treska (ž)	[trɛska]
cavala, sarda (f)	makrela (ž)	[makrɛla]

atum (m)	tuňák (m)	[tunʲaːk]
enguia (f)	úhoř (m)	[uːhorʃ]
truta (f)	pstruh (m)	[pstrux]
sardinha (f)	sardinka (ž)	[sardɪŋka]
lúcio (m)	štika (ž)	[ʃtɪka]
arenque (m)	sleď (ž)	[slɛtʲ]
pão (m)	chléb (m)	[xlɛːp]
queijo (m)	sýr (m)	[siːr]
açúcar (m)	cukr (m)	[tsukr]
sal (m)	sůl (ž)	[suːl]
arroz (m)	rýže (ž)	[riːʒe]
massas (f pl)	makaróny (m mn)	[makaroːnɪ]
talharim (m)	nudle (ž mn)	[nudlɛ]
manteiga (f)	máslo (s)	[maːslo]
óleo (m) vegetal	olej (m)	[olɛj]
óleo (m) de girassol	slunečnicový olej (m)	[slunɛtʃnɪtsoviː olɛj]
margarina (f)	margarín (m)	[margariːn]
azeitonas (f pl)	olivy (ž)	[olɪvɪ]
azeite (m)	olivový olej (m)	[olɪvoviː olɛj]
leite (m)	mléko (s)	[mlɛːko]
leite (m) condensado	kondenzované mléko (s)	[kondɛnzovanɛː mlɛːko]
iogurte (m)	jogurt (m)	[jogurt]
nata (f) azeda	kyselá smetana (ž)	[kɪsɛlaː smɛtana]
nata (f) do leite	sladká smetana (ž)	[slatkaː smɛtana]
maionese (f)	majonéza (ž)	[majonɛːza]
creme (m)	krém (m)	[krɛːm]
grãos (m pl) de cereais	kroupy (ž mn)	[kroupɪ]
farinha (f)	mouka (ž)	[mouka]
enlatados (m pl)	konzerva (ž)	[konzɛrva]
flocos (m pl) de milho	kukuřičné vločky (ž mn)	[kukurʒɪtʃnɛː vlotʃkɪ]
mel (m)	med (m)	[mɛt]
doce (m)	džem (m)	[dʒem]
pastilha (f) elástica	žvýkačka (ž)	[ʒviːkatʃka]

36. Bebidas

água (f)	voda (ž)	[voda]
água (f) potável	pitná voda (ž)	[pɪtnaː voda]
água (f) mineral	minerální voda (ž)	[mɪnɛraːlniː voda]
sem gás	neperlivý	[nɛpɛrlɪviː]
gaseificada	perlivý	[pɛrlɪviː]
com gás	perlivý	[pɛrlɪviː]
gelo (m)	led (m)	[lɛt]
com gelo	s ledem	[s lɛdɛm]

sem álcool	nealkoholický	[nɛalkoholɪtski:]
bebida (f) sem álcool	nealkoholický nápoj (m)	[nɛalkoholɪtski: na:poj]
refresco (m)	osvěžující nápoj (m)	[osvɛʒuji:ʦi: na:poj]
limonada (f)	limonáda (ž)	[ɪmona:da]

bebidas (f pl) alcoólicas	alkoholické nápoje (m mn)	[alkoholɪtskɛ: na:pojɛ]
vinho (m)	víno (s)	[vi:no]
vinho (m) branco	bílé víno (s)	[bi:lɛ: vi:no]
vinho (m) tinto	červené víno (s)	[ʧɛrvɛnɛ: vi:no]

licor (m)	likér (m)	[lɪkɛ:r]
champanhe (m)	šampaňské (s)	[ʃampanʲskɛ:]
vermute (m)	vermut (m)	[vɛrmut]

uísque (m)	whisky (ž)	[vɪskɪ]
vodka (f)	vodka (ž)	[votka]
gim (m)	džin (m)	[dʒɪn]
conhaque (m)	koňak (m)	[konʲak]
rum (m)	rum (m)	[rum]

café (m)	káva (ž)	[ka:va]
café (m) puro	černá káva (ž)	[ʧɛrna: ka:va]
café (m) com leite	bílá káva (ž)	[bi:la: ka:va]
cappuccino (m)	kapučíno (s)	[kapuʧi:no]
café (m) solúvel	rozpustná káva (ž)	[rozpustna: ka:va]

leite (m)	mléko (s)	[mlɛ:ko]
coquetel (m)	koktail (m)	[koktajl]
batido (m) de leite	mléčný koktail (m)	[mlɛʧni: koktajl]

sumo (m)	šťáva (ž), džus (m)	[ʃtʲa:va], [dʒus]
sumo (m) de tomate	rajčatová šťáva (ž)	[rajʧatova: ʃtʲa:va]
sumo (m) de laranja	pomerančový džus (m)	[pomɛranʧovi: dʒus]
sumo (m) fresco	vymačkaná šťáva (ž)	[vɪmaʧkana: ʃtʲa:va]

cerveja (f)	pivo (s)	[pɪvo]
cerveja (f) clara	světlé pivo (s)	[svetlɛ: pɪvo]
cerveja (f) preta	tmavé pivo (s)	[tmavɛ: pɪvo]

chá (m)	čaj (m)	[ʧaj]
chá (m) preto	černý čaj (m)	[ʧɛrni: ʧaj]
chá (m) verde	zelený čaj (m)	[zɛlɛni: ʧaj]

37. Vegetais

| legumes (m pl) | zelenina (ž) | [zɛlɛnɪna] |
| verduras (f pl) | zelenina (ž) | [zɛlɛnɪna] |

tomate (m)	rajské jablíčko (s)	[rajskɛ: jabli:ʧko]
pepino (m)	okurka (ž)	[okurka]
cenoura (f)	mrkev (ž)	[mrkɛʃ]
batata (f)	brambory (ž mn)	[bramborɪ]
cebola (f)	cibule (ž)	[ʦɪbulɛ]
alho (m)	česnek (m)	[ʧɛsnɛk]

couve (f)	zelí (s)	[zɛliː]
couve-flor (f)	květák (m)	[kvetaːk]
couve-de-bruxelas (f)	růžičková kapusta (ž)	[ruːʒɪtʃkovaː kapusta]
brócolos (m pl)	brokolice (ž)	[brokolɪtsɛ]

beterraba (f)	červená řepa (ž)	[tʃɛrvenaː rʒɛpa]
beringela (f)	lilek (m)	[lɪlɛk]
curgete (f)	cukina, cuketa (ž)	[tsukɪna], [tsuketa]
abóbora (f)	tykev (ž)	[tɪkɛʃ]
nabo (m)	vodní řepa (ž)	[vodniː rʒɛpa]

salsa (f)	petržel (ž)	[pɛtrʒel]
funcho, endro (m)	kopr (m)	[kopr]
alface (f)	salát (m)	[salaːt]
aipo (m)	celer (m)	[tsɛlɛr]
espargo (m)	chřest (m)	[xrʃɛst]
espinafre (m)	špenát (m)	[ʃpɛnaːt]

ervilha (f)	hrách (m)	[hraːx]
fava (f)	boby (m mn)	[bobɪ]
milho (m)	kukuřice (ž)	[kukurʒɪtsɛ]
feijão (m)	fazole (ž)	[fazolɛ]

pimentão (m)	pepř (m)	[pɛprʃ]
rabanete (m)	ředkvička (ž)	[rʒɛtkvɪtʃka]
alcachofra (f)	artyčok (m)	[artɪtʃok]

38. Frutos. Nozes

fruta (f)	ovoce (s)	[ovotsɛ]
maçã (f)	jablko (s)	[jablko]
pera (f)	hruška (ž)	[hruʃka]
limão (m)	citrón (m)	[tsɪtroːn]
laranja (f)	pomeranč (m)	[pomɛrantʃ]
morango (m)	zahradní jahody (ž mn)	[zahradniː jahodɪ]

tangerina (f)	mandarinka (ž)	[mandarɪŋka]
ameixa (f)	švestka (ž)	[ʃvɛstka]
pêssego (m)	broskev (ž)	[broskɛʃ]
damasco (m)	meruňka (ž)	[mɛruɲka]
framboesa (f)	maliny (ž mn)	[malɪnɪ]
ananás (m)	ananas (m)	[ananas]

banana (f)	banán (m)	[banaːn]
melancia (f)	vodní meloun (m)	[vodniː mɛloun]
uva (f)	hroznové víno (s)	[hroznovɛː viːno]
ginja (f)	višně (ž)	[vɪʃne]
cereja (f)	třešně (ž)	[trʃɛʃne]
meloa (f)	cukrový meloun (m)	[tsukroviː mɛloun]

toranja (f)	grapefruit (m)	[grɛjpfruːt]
abacate (m)	avokádo (s)	[avokaːdo]
papaia (f)	papája (ž)	[papaːja]
manga (f)	mango (s)	[mango]

romã (f)	granátové jablko (s)	[grana:tovɛ: jablko]
groselha (f) vermelha	červený rybíz (m)	[tʃɛrvɛni: rɪbi:z]
groselha (f) preta	černý rybíz (m)	[tʃɛrni: rɪbi:z]
groselha (f) espinhosa	angrešt (m)	[angrɛʃt]
mirtilo (m)	borůvky (ž mn)	[boru:fkɪ]
amora silvestre (f)	ostružiny (ž mn)	[ostruʒɪnɪ]

uvas (f pl) passas	hrozinky (ž mn)	[hrozɪŋkɪ]
figo (m)	fík (m)	[fi:k]
tâmara (f)	datle (ž)	[datlɛ]

amendoim (m)	burský oříšek (m)	[burski: orʒi:ʃɛk]
amêndoa (f)	mandle (ž)	[mandlɛ]
noz (f)	vlašský ořech (m)	[vlaʃski: orʒɛx]
avelã (f)	lískový ořech (m)	[li:skovi: orʒɛx]
coco (m)	kokos (m)	[kokos]
pistáchios (m pl)	pistácie (ž)	[pɪsta:tsɪe]

39. Pão. Bolaria

pastelaria (f)	cukroví (s)	[tsukrovi:]
pão (m)	chléb (m)	[xlɛ:p]
bolacha (f)	sušenky (ž mn)	[suʃɛŋkɪ]

chocolate (m)	čokoláda (ž)	[tʃokola:da]
de chocolate	čokoládový	[tʃokola:dovi:]
rebuçado (m)	bonbón (m)	[bonbo:n]
bolo (cupcake, etc.)	zákusek (m)	[za:kusɛk]
bolo (m) de aniversário	dort (m)	[dort]

| tarte (~ de maçã) | koláč (m) | [kola:tʃ] |
| recheio (m) | nádivka (ž) | [na:dɪfka] |

doce (m)	zavařenina (ž)	[zavarʒɛnɪna]
geleia (f) de frutas	marmeláda (ž)	[marmɛla:da]
waffle (m)	oplatky (mn)	[oplatkɪ]
gelado (m)	zmrzlina (ž)	[zmrzlɪna]

40. Pratos cozinhados

prato (m)	jídlo (s)	[ji:dlo]
cozinha (~ portuguesa)	kuchyně (ž)	[kuxɪnɛ]
receita (f)	recept (m)	[rɛtsɛpt]
porção (f)	porce (ž)	[portsɛ]

| salada (f) | salát (m) | [sala:t] |
| sopa (f) | polévka (ž) | [polɛ:fka] |

caldo (m)	vývar (m)	[vi:var]
sandes (f)	obložený chlebíček (m)	[oblɔʒɛni: xlɛbi:tʃɛk]
ovos (m pl) estrelados	míchaná vejce (s mn)	[mi:xana: vɛjtsɛ]
hambúrguer (m)	hamburger (m)	[hamburgɛr]

bife (m)	biftek (m)	[bɪftɛk]
conduto (m)	příloha (ž)	[prʃiːloha]
espaguete (m)	spagety (m mn)	[spagɛtɪ]
puré (m) de batata	bramborová kaše (ž)	[bramborova: kaʃɛ]
pizza (f)	pizza (ž)	[pɪtsa]
papa (f)	kaše (ž)	[kaʃɛ]
omelete (f)	omeleta (ž)	[omɛlɛta]
cozido em água	vařený	[varʒɛniː]
fumado	uzený	[uzɛniː]
frito	smažený	[smaʒeniː]
seco	sušený	[suʃɛniː]
congelado	zmražený	[zmraʒeniː]
em conserva	marinovaný	[marɪnovaniː]
doce (açucarado)	sladký	[slatkiː]
salgado	slaný	[slaniː]
frio	studený	[studɛniː]
quente	teplý	[tɛpliː]
amargo	hořký	[horʃkiː]
gostoso	chutný	[xutniː]
cozinhar (em água a ferver)	vařit	[varʒɪt]
fazer, preparar (vt)	vařit	[varʒɪt]
fritar (vt)	smažit	[smaʒɪt]
aquecer (vt)	ohřívat	[ohrʒiːvat]
salgar (vt)	solit	[solɪt]
apimentar (vt)	pepřit	[pɛprʃɪt]
ralar (vt)	strouhat	[strouhat]
casca (f)	slupka (ž)	[slupka]
descascar (vt)	loupat	[loupat]

41. Especiarias

sal (m)	sůl (ž)	[suːl]
salgado	slaný	[slaniː]
salgar (vt)	solit	[solɪt]
pimenta (f) preta	černý pepř (m)	[tʃɛrniː pɛprʃ]
pimenta (f) vermelha	červená paprika (ž)	[tʃɛrvɛnaː paprɪka]
mostarda (f)	hořčice (ž)	[horʃtʃɪtsɛ]
raiz-forte (f)	křen (m)	[krʃɛn]
condimento (m)	ochucovadlo (s)	[oxutsovadlo]
especiaria (f)	koření (s)	[korʒɛniː]
molho (m)	omáčka (ž)	[omaːtʃka]
vinagre (m)	ocet (m)	[otsɛt]
anis (m)	anýz (m)	[aniːz]
manjericão (m)	bazalka (ž)	[bazalka]
cravo (m)	hřebíček (m)	[hrʒɛbiːtʃɛk]
gengibre (m)	zázvor (m)	[zaːzvor]
coentro (m)	koriandr (m)	[korɪandr]

canela (f)	skořice (ž)	[skorʒɪtsɛ]
sésamo (m)	sezam (m)	[sɛzam]
folhas (f pl) de louro	bobkový list (m)	[bopkovi: lɪst]
páprica (f)	paprika (ž)	[paprɪka]
cominho (m)	kmín (m)	[kmi:n]
açafrão (m)	šafrán (m)	[ʃafra:n]

42. Refeições

| comida (f) | jídlo (s) | [ji:dlo] |
| comer (vt) | jíst | [ji:st] |

pequeno-almoço (m)	snídaně (ž)	[sni:dane]
tomar o pequeno-almoço	snídat	[sni:dat]
almoço (m)	oběd (m)	[obet]
almoçar (vi)	obědvat	[obedvat]
jantar (m)	večeře (ž)	[vɛtʃɛrʒɛ]
jantar (vi)	večeřet	[vɛtʃɛrʒɛt]

| apetite (m) | chuť (ž) k jídlu | [xutʲ k ji:dlu] |
| Bom apetite! | Dobrou chuť! | [dobrou xutʲ] |

abrir (~ uma lata, etc.)	otvírat	[otvi:rat]
derramar (vt)	rozlít	[rozli:t]
derramar-se (vr)	rozlít se	[rozli:t sɛ]
ferver (vi)	vřít	[vrʒi:t]
ferver (vt)	vařit	[varʒɪt]
fervido	svařený	[svarʒɛni:]
arrefecer (vt)	ochladit	[oxladɪt]
arrefecer-se (vr)	ochlazovat se	[oxlazovat sɛ]

| sabor, gosto (m) | chuť (ž) | [xutʲ] |
| gostinho (m) | příchuť (ž) | [prʃi:xutʲ] |

fazer dieta	držet dietu	[drʒet dɪetu]
dieta (f)	dieta (ž)	[dɪeta]
vitamina (f)	vitamín (m)	[vɪtami:n]
caloria (f)	kalorie (ž)	[kalorɪe]
vegetariano (m)	vegetarián (m)	[vɛgɛtarɪa:n]
vegetariano	vegetariánský	[vɛgɛtarɪa:nski:]

gorduras (f pl)	tuky (m)	[tukɪ]
proteínas (f pl)	bílkoviny (ž)	[bi:lkovɪnɪ]
carboidratos (m pl)	karbohydráty (mn)	[karbohɪdrati:]
fatia (~ de limão, etc.)	plátek (m)	[pla:tɛk]
pedaço (~ de bolo)	kousek (m)	[kousɛk]
migalha (f)	drobek (m)	[drobɛk]

43. Por a mesa

| colher (f) | lžíce (ž) | [lʒi:tsɛ] |
| faca (f) | nůž (m) | [nu:ʃ] |

garfo (m)	vidlička (ž)	[vɪdlɪtʃka]
chávena (f)	šálek (m)	[ʃaːlɛk]
prato (m)	talíř (m)	[taliːrʃ]
pires (m)	talířek (m)	[taliːrʒɛk]
guardanapo (m)	ubrousek (m)	[ubrousɛk]
palito (m)	párátko (s)	[paːraːtko]

44. Restaurante

restaurante (m)	restaurace (ž)	[rɛstauratsɛ]
café (m)	kavárna (ž)	[kavaːrna]
bar (m), cervejaria (f)	bar (m)	[bar]
salão (m) de chá	čajovna (ž)	[tʃajovna]

empregado (m) de mesa	číšník (m)	[tʃiːʃniːk]
empregada (f) de mesa	číšnice (ž)	[tʃiːʃnɪtsɛ]
barman (m)	barman (m)	[barman]

ementa (f)	jídelní lístek (m)	[jiːdɛlniː liːstɛk]
lista (f) de vinhos	nápojový lístek (m)	[naːpojoviː liːstɛk]
reservar uma mesa	rezervovat stůl	[rɛzɛrvovat stuːl]

prato (m)	jídlo (s)	[jiːdlo]
pedir (vt)	objednat si	[objɛdnat sɪ]
fazer o pedido	objednat si	[objɛdnat sɪ]

aperitivo (m)	aperitiv (m)	[apɛrɪtɪf]
entrada (f)	předkrm (m)	[prʃɛtkrm]
sobremesa (f)	desert (m)	[dɛsɛrt]

conta (f)	účet (m)	[uːtʃɛt]
pagar a conta	zaplatit účet	[zaplatɪt uːtʃɛt]
dar o troco	dát nazpátek	[daːt naspaːtɛk]
gorjeta (f)	spropitné (s)	[spropɪtnɛː]

Família, parentes e amigos

45. Informação pessoal. Formulários

nome (m)	jméno (s)	[jmɛ:no]
apelido (m)	příjmení (s)	[prʃi:jmɛni:]
data (f) de nascimento	datum (s) narození	[datum narozɛni:]
local (m) de nascimento	místo (s) narození	[mi:sto narozɛni:]
nacionalidade (f)	národnost (ž)	[na:rodnost]
lugar (m) de residência	bydliště (s)	[bɪdlɪʃte]
país (m)	země (ž)	[zɛmnɛ]
profissão (f)	povolání (s)	[povola:ni:]
sexo (m)	pohlaví (s)	[pohlavi:]
estatura (f)	postava (ž)	[postava]
peso (m)	váha (ž)	[va:ha]

46. Membros da família. Parentes

mãe (f)	matka (ž)	[matka]
pai (m)	otec (m)	[otɛts]
filho (m)	syn (m)	[sɪn]
filha (f)	dcera (ž)	[dtsɛra]
filha (f) mais nova	nejmladší dcera (ž)	[nɛjmladʃi: dtsɛra]
filho (m) mais novo	nejmladší syn (m)	[nɛjmladʃi: sɪn]
filha (f) mais velha	nejstarší dcera (ž)	[nɛjstarʃi: dtsɛra]
filho (m) mais velho	nejstarší syn (m)	[nɛjstarʃi: sɪn]
irmão (m)	bratr (m)	[bratr]
irmã (f)	sestra (ž)	[sɛstra]
primo (m)	bratranec (m)	[bratranɛts]
prima (f)	sestřenice (ž)	[sɛstrʃɛnɪtsɛ]
mamã (f)	maminka (ž)	[mamɪŋka]
papá (m)	táta (m)	[ta:ta]
pais (pl)	rodiče (m mn)	[rodɪtʃɛ]
criança (f)	dítě (s)	[di:te]
crianças (f pl)	děti (ž mn)	[detɪ]
avó (f)	babička (ž)	[babɪtʃka]
avô (m)	dědeček (m)	[dedɛtʃɛk]
neto (m)	vnuk (m)	[vnuk]
neta (f)	vnučka (ž)	[vnutʃka]
netos (pl)	vnuci (m mn)	[vnutsɪ]
tio (m)	strýc (m)	[stri:ts]
tia (f)	teta (ž)	[tɛta]

| sobrinho (m) | synovec (m) | [sɪnovɛts] |
| sobrinha (f) | neteř (ž) | [nɛtɛrʃ] |

sogra (f)	tchyně (ž)	[txɪne]
sogro (m)	tchán (m)	[txaːn]
genro (m)	zeť (m)	[zɛtʲ]
madrasta (f)	nevlastní matka (ž)	[nɛvlastni: matka]
padrasto (m)	nevlastní otec (m)	[nɛvlastni: otɛts]

criança (f) de colo	kojenec (m)	[kojɛnɛts]
bebé (m)	nemluvně (s)	[nɛmluvne]
menino (m)	děcko (s)	[detsko]

mulher (f)	žena (ž)	[ʒena]
marido (m)	muž (m)	[muʃ]
esposo (m)	manžel (m)	[manʒel]
esposa (f)	manželka (ž)	[manʒelka]

casado	ženatý	[ʒenati:]
casada	vdaná	[vdana:]
solteiro	svobodný	[svobodni:]
solteirão (m)	mládenec (m)	[mla:dɛnɛts]
divorciado	rozvedený	[rozvɛdɛni:]
viúva (f)	vdova (ž)	[vdova]
viúvo (m)	vdovec (m)	[vdovɛts]

parente (m)	příbuzný (m)	[prʃi:buzni:]
parente (m) próximo	blízký příbuzný (m)	[bliːski: prʃi:buzni:]
parente (m) distante	vzdálený příbuzný (m)	[vzdaːlɛni: prʃi:buzni:]
parentes (m pl)	příbuzenstvo (s)	[prʃi:buzɛnstvo]

órfão (m), órfã (f)	sirotek (m, ž)	[sɪrotɛk]
tutor (m)	poručník (m)	[porutʃni:k]
adotar (um filho)	adoptovat	[adoptovat]
adotar (uma filha)	adoptovat dívku	[adoptovat difku]

Medicina

47. Doenças

doença (f)	nemoc (ž)	[nɛmots]
estar doente	být nemocný	[biːt nɛmotsniː]
saúde (f)	zdraví (s)	[zdraviː]
nariz (m) a escorrer	rýma (ž)	[riːma]
amigdalite (f)	angína (ž)	[angiːna]
constipação (f)	nachlazení (s)	[naxlazɛniː]
constipar-se (vr)	nachladit se	[naxladɪt sɛ]
bronquite (f)	bronchitida (ž)	[bronxɪtiːda]
pneumonia (f)	zápal (m) plic	[zaːpal plɪts]
gripe (f)	chřipka (ž)	[xrʃɪpka]
míope	krátkozraký	[kraːtkozrakiː]
presbita	dalekozraký	[dalɛkozrakiː]
estrabismo (m)	šilhavost (ž)	[ʃɪlhavost]
estrábico	šilhavý	[ʃɪlhaviː]
catarata (f)	šedý zákal (m)	[ʃɛdiː zaːkal]
glaucoma (m)	zelený zákal (m)	[zɛlɛniː zaːkal]
AVC (m), apoplexia (f)	mozková mrtvice (ž)	[moskova: mrtvɪtsɛ]
ataque (m) cardíaco	infarkt (m)	[ɪnfarkt]
enfarte (m) do miocárdio	infarkt (m) myokardu	[ɪnfarkt mɪokardu]
paralisia (f)	obrna (ž)	[obrna]
paralisar (vt)	paralyzovat	[paralɪzovat]
alergia (f)	alergie (ž)	[alɛrgɪe]
asma (f)	astma (s)	[astma]
diabetes (f)	cukrovka (ž)	[tsukrofka]
dor (f) de dentes	bolení (s) zubů	[bolɛniː zubuː]
cárie (f)	zubní kaz (m)	[zubniː kaz]
diarreia (f)	průjem (m)	[pruːjɛm]
prisão (f) de ventre	zácpa (ž)	[zaːtspa]
desarranjo (m) intestinal	žaludeční potíže (ž mn)	[ʒaludɛtʃniː potiːʒe]
intoxicação (f) alimentar	otrava (ž)	[otrava]
intoxicar-se	otrávit se	[otraːvɪt sɛ]
artrite (f)	artritida (ž)	[artrɪtɪda]
raquitismo (m)	rachitida (ž)	[raxɪtɪda]
reumatismo (m)	revmatismus (m)	[rɛvmatɪzmus]
arteriosclerose (f)	ateroskleróza (ž)	[atɛrosklɛroːza]
gastrite (f)	gastritida (ž)	[gastrɪtɪda]
apendicite (f)	apendicitida (ž)	[apɛndɪtsɪtɪda]

| colecistite (f) | zánět (m) žlučníku | [za:nɛt ʒlutʃni:ku] |
| úlcera (f) | vřed (m) | [vrʒɛt] |

sarampo (m)	spalničky (ž mn)	[spalnɪtʃki:]
rubéola (f)	zarděnky (ž mn)	[zardɛŋkɪ]
iterícia (f)	žloutenka (ž)	[ʒloutɛŋka]
hepatite (f)	hepatitida (ž)	[hɛpatɪtɪda]

esquizofrenia (f)	schizofrenie (ž)	[sxɪzofrɛnɪɛ]
raiva (f)	vzteklina (ž)	[vstɛklɪna]
neurose (f)	neuróza (ž)	[nɛuro:za]
comoção (f) cerebral	otřes (m) mozku	[otrʃɛs mosku]

cancro (m)	rakovina (ž)	[rakovɪna]
esclerose (f)	skleróza (ž)	[sklɛro:za]
esclerose (f) múltipla	roztroušená skleróza (ž)	[roztrouʃɛna: sklɛro:za]

alcoolismo (m)	alkoholismus (m)	[alkoholɪzmus]
alcoólico (m)	alkoholik (m)	[alkoholɪk]
sífilis (f)	syfilida (ž)	[sɪfɪlɪda]
SIDA (f)	AIDS (m)	[ajts]

tumor (m)	nádor (m)	[na:dor]
maligno	zhoubný	[zhoubni:]
benigno	nezhoubný	[nɛzhoubni:]

febre (f)	zimnice (ž)	[zɪmnɪtsɛ]
malária (f)	malárie (ž)	[mala:rɪɛ]
gangrena (f)	gangréna (ž)	[gangrɛ:na]
enjoo (m)	mořská nemoc (ž)	[morʃska: nɛmots]
epilepsia (f)	padoucnice (ž)	[padoutsnɪtsɛ]

epidemia (f)	epidemie (ž)	[ɛpɪdɛmɪɛ]
tifo (m)	tyf (m)	[tɪf]
tuberculose (f)	tuberkulóza (ž)	[tubɛrkulo:za]
cólera (f)	cholera (ž)	[xolɛra]
peste (f)	mor (m)	[mor]

48. Sintomas. Tratamentos. Parte 1

sintoma (m)	příznak (m)	[prʃi:znak]
temperatura (f)	teplota (ž)	[tɛplota]
febre (f)	vysoká teplota (ž)	[vɪsoka: tɛplota]
pulso (m)	tep (m)	[tɛp]

vertigem (f)	závrať (ž)	[za:vratʲ]
quente (testa, etc.)	horký	[horki:]
calafrio (m)	mrazení (s)	[mrazɛni:]
pálido	bledý	[blɛdi:]

tosse (f)	kašel (m)	[kaʃɛl]
tossir (vi)	kašlat	[kaʃlat]
espirrar (vi)	kýchat	[ki:xat]
desmaio (m)	mdloby (ž mn)	[mdlobɪ]

desmaiar (vi)	upadnout do mdlob	[upadnout do mdlop]
nódoa (f) negra	modřina (ž)	[modrʒɪna]
galo (m)	boule (ž)	[boulɛ]
magoar-se (vr)	uhodit se	[uhodɪt sɛ]
pisadura (f)	pohmožděnina (ž)	[pohmoʒdenɪna]
aleijar-se (vr)	uhodit se	[uhodɪt sɛ]
coxear (vi)	kulhat	[kulhat]
deslocação (f)	vykloubení (s)	[vɪkloubɛni:]
deslocar (vt)	vykloubit	[vɪkloubɪt]
fratura (f)	zlomenina (ž)	[zlomɛnɪna]
fraturar (vt)	dostat zlomeninu	[dostat zlomɛnɪnu]
corte (m)	říznutí (s)	[rʒi:znuti:]
cortar-se (vr)	říznout se	[rʒi:znout sɛ]
hemorragia (f)	krvácení (s)	[krva:tsɛni:]
queimadura (f)	popálenina (ž)	[popa:lɛnɪna]
queimar-se (vr)	spálit se	[spa:lɪt sɛ]
picar (vt)	píchnout	[pi:xnout]
picar-se (vr)	píchnout se	[pi:xnout sɛ]
lesionar (vt)	pohmoždit	[pohmoʒdɪt]
lesão (m)	pohmoždění (s)	[pohmoʒdeni:]
ferida (f), ferimento (m)	rána (ž)	[ra:na]
trauma (m)	úraz (m)	[u:raz]
delirar (vi)	blouznit	[blouznɪt]
gaguejar (vi)	zajíkat se	[zaji:kat sɛ]
insolação (f)	úpal (m)	[u:pal]

49. Sintomas. Tratamentos. Parte 2

dor (f)	bolest (ž)	[bolɛst]
farpa (no dedo)	tříska (ž)	[trʃi:ska]
suor (m)	pot (m)	[pot]
suar (vi)	potit se	[potɪt sɛ]
vómito (m)	zvracení (s)	[zvratsɛni:]
convulsões (f pl)	křeče (ž mn)	[krʃetʃɛ]
grávida	těhotná	[tehotna:]
nascer (vi)	narodit se	[narodɪt sɛ]
parto (m)	porod (m)	[porot]
dar à luz	rodit	[rodɪt]
aborto (m)	umělý potrat (m)	[umneli: potrat]
respiração (f)	dýchání (s)	[di:xa:ni:]
inspiração (f)	vdech (m)	[vdɛx]
expiração (f)	výdech (m)	[vi:dɛx]
expirar (vi)	vydechnout	[vɪdɛxnout]
inspirar (vi)	nadechnout se	[nadɛxnout sɛ]
inválido (m)	invalida (ž)	[ɪnvalɪda]
aleijado (m)	mrzák (m)	[mrza:k]

toxicodependente (m)	narkoman (m)	[narkoman]
surdo	hluchý	[hluxi:]
mudo	němý	[nemi:]

louco (adj.)	šílený	[ʃi:lɛni:]
louco (m)	šílenec (m)	[ʃi:lɛnɛts]
louca (f)	šílenec (ž)	[ʃi:lɛnɛts]
ficar louco	zešílet	[zɛʃi:lɛt]

gene (m)	gen (m)	[gɛn]
imunidade (f)	imunita (ž)	[ɪmunɪta]
hereditário	dědičný	[dedɪtʃni:]
congénito	vrozený	[vrozɛni:]

vírus (m)	virus (m)	[vɪrus]
micróbio (m)	mikrob (m)	[mɪkrop]
bactéria (f)	baktérie (ž)	[baktɛ:rɪe]
infeção (f)	infekce (ž)	[ɪnfɛktsɛ]

50. Sintomas. Tratamentos. Parte 3

| hospital (m) | nemocnice (ž) | [nɛmotsnɪtsɛ] |
| paciente (m) | pacient (m) | [patsɪent] |

diagnóstico (m)	diagnóza (ž)	[dɪagno:za]
cura (f)	léčení (s)	[lɛ:tʃɛni:]
tratamento (m) médico	léčba (ž)	[lɛ:tʃba]
curar-se (vr)	léčit se	[lɛ:tʃɪt sɛ]
tratar (vt)	léčit	[lɛ:tʃɪt]
cuidar (pessoa)	ošetřovat	[oʃɛtrʃovat]
cuidados (m pl)	ošetřování (s)	[oʃɛtrʃova:ni:]

operação (f)	operace (ž)	[opɛratsɛ]
enfaixar (vt)	obvázat	[obva:zat]
enfaixamento (m)	obvazování (s)	[obvazova:ni:]

vacinação (f)	očkování (s)	[otʃkova:ni:]
vacinar (vt)	dělat očkování	[delat otʃkova:ni:]
injeção (f)	injekce (ž)	[ɪnjɛktsɛ]
dar uma injeção	dávat injekci	[da:vat ɪnjɛktsɪ]

ataque (~ de asma, etc.)	záchvat (m)	[za:xvat]
amputação (f)	amputace (ž)	[amputatsɛ]
amputar (vt)	amputovat	[amputovat]
coma (f)	kóma (s)	[ko:ma]
estar em coma	být v kómatu	[bi:t v ko:matu]
reanimação (f)	reanimace (ž)	[rɛanɪmatsɛ]

recuperar-se (vr)	uzdravovat se	[uzdravovat sɛ]
estado (~ de saúde)	stav (m)	[staf]
consciência (f)	vědomí (s)	[vedomi:]
memória (f)	paměť (ž)	[pamnetʲ]
tirar (vt)	trhat	[trhat]
chumbo (m), obturação (f)	plomba (ž)	[plomba]

chumbar, obturar (vt)	plombovat	[plombovat]
hipnose (f)	hypnóza (ž)	[hɪpno:za]
hipnotizar (vt)	hypnotizovat	[hɪpnotɪzovat]

51. Médicos

médico (m)	lékař (m)	[lɛ:karʃ]
enfermeira (f)	zdravotní sestra (ž)	[zdravotni: sɛstra]
médico (m) pessoal	osobní lékař (m)	[osobni: lɛ:karʃ]
dentista (m)	zubař (m)	[zubarʃ]
oculista (m)	oční lékař (m)	[oʧni: lɛ:karʃ]
terapeuta (m)	internista (m)	[ɪntɛrnɪsta]
cirurgião (m)	chirurg (m)	[xɪrurg]
psiquiatra (m)	psychiatr (m)	[psɪxɪatr]
pediatra (m)	pediatr (m)	[pɛdɪatr]
psicólogo (m)	psycholog (m)	[psɪxolog]
ginecologista (m)	gynekolog (m)	[gɪnɛkolog]
cardiologista (m)	kardiolog (m)	[kardɪolog]

52. Medicina. Drogas. Acessórios

medicamento (m)	lék (m)	[lɛ:k]
remédio (m)	prostředek (m)	[prostrʃɛdɛk]
receitar (vt)	předepsat	[prʒɛdɛpsat]
receita (f)	recept (m)	[rɛtsɛpt]
comprimido (m)	tableta (ž)	[tablɛta]
pomada (f)	mast (ž)	[mast]
ampola (f)	ampule (ž)	[ampulɛ]
preparado (m)	mixtura (ž)	[mɪkstura]
xarope (m)	sirup (m)	[sɪrup]
cápsula (f)	pilulka (ž)	[pɪlulka]
remédio (m) em pó	prášek (m)	[pra:ʃɛk]
ligadura (f)	obvaz (m)	[obvaz]
algodão (m)	vata (ž)	[vata]
iodo (m)	jód (m)	[jo:t]
penso (m) rápido	leukoplast (m)	[lɛukoplast]
conta-gotas (m)	pipeta (ž)	[pɪpɛta]
termómetro (m)	teploměr (m)	[tɛplomner]
seringa (f)	injekční stříkačka (ž)	[ɪnjɛkʧni: strʃi:kaʧka]
cadeira (f) de rodas	vozík (m)	[vozi:k]
muletas (f pl)	berle (ž mn)	[bɛrlɛ]
analgésico (m)	anestetikum (s)	[anɛstɛtɪkum]
laxante (m)	projímadlo (s)	[proji:madlo]
álcool (m) etílico	líh (m)	[li:x]
ervas (f pl) medicinais	bylina (ž)	[bɪlɪna]
de ervas (chá ~)	bylinný	[bɪlɪnni:]

HABITAT HUMANO

Cidade

53. Cidade. Vida na cidade

cidade (f)	město (s)	[mnesto]
capital (f)	hlavní město (s)	[hlavni: mnesto]
aldeia (f)	venkov (m)	[vɛŋkof]
mapa (m) da cidade	plán (m) města	[pla:n mnesta]
centro (m) da cidade	střed (m) města	[strʃɛd mnesta]
subúrbio (m)	předměstí (s)	[prʃɛdmnesti:]
suburbano	předměstský	[prʃɛdmnestski:]
periferia (f)	okraj (m)	[okraj]
arredores (m pl)	okolí (s)	[okoli:]
quarteirão (m)	čtvrť (ž)	[tʃtvrtʲ]
quarteirão (m) residencial	obytná čtvrť (ž)	[obɪtna: tʃtvrtʲ]
tráfego (m)	provoz (m)	[provoz]
semáforo (m)	semafor (m)	[sɛmafor]
transporte (m) público	městská doprava (ž)	[mnestska: doprava]
cruzamento (m)	křižovatka (ž)	[krʃɪʒovatka]
passadeira (f)	přechod (m)	[prʃɛxot]
passagem (f) subterrânea	podchod (m)	[podxot]
cruzar, atravessar (vt)	přecházet	[prʃɛxa:zɛt]
peão (m)	chodec (m)	[xodɛts]
passeio (m)	chodník (m)	[xodni:k]
ponte (f)	most (m)	[most]
margem (f) do rio	nábřeží (s)	[na:brʒɛʒi:]
fonte (f)	fontána (ž)	[fonta:na]
alameda (f)	alej (ž)	[alɛj]
parque (m)	park (m)	[park]
bulevar (m)	bulvár (m)	[bulva:r]
praça (f)	náměstí (s)	[na:mnesti:]
avenida (f)	třída (ž)	[trʃi:da]
rua (f)	ulice (ž)	[ulɪtsɛ]
travessa (f)	boční ulice (ž)	[botʃni: ulɪtsɛ]
beco (m) sem saída	slepá ulice (ž)	[slɛpa: ulɪtsɛ]
casa (f)	dům (m)	[du:m]
edifício, prédio (m)	budova (ž)	[budova]
arranha-céus (m)	mrakodrap (m)	[mrakodrap]
fachada (f)	fasáda (ž)	[fasa:da]
telhado (m)	střecha (ž)	[strʃɛxa]

janela (f)	okno (s)	[okno]
arco (m)	oblouk (m)	[oblouk]
coluna (f)	sloup (m)	[sloup]
esquina (f)	roh (m)	[rox]

montra (f)	výloha (ž)	[vi:loha]
letreiro (m)	vývěsní tabule (ž)	[vi:vesni: tabulɛ]
cartaz (m)	plakát (m)	[plaka:t]
cartaz (m) publicitário	reklamní plakát (m)	[rɛklamni: plaka:t]
painel (m) publicitário	billboard (m)	[bɪlbo:rt]

lixo (m)	odpadky (m mn)	[otpatki:]
cesta (f) do lixo	popelnice (ž)	[popɛlnɪtsɛ]
jogar lixo na rua	dělat smetí	[delat smɛti:]
aterro (m) sanitário	smetiště (s)	[smɛtɪʃte]

cabine (f) telefónica	telefonní budka (ž)	[tɛlɛfonni: butka]
candeeiro (m) de rua	pouliční svítilna (ž)	[poulɪtʃni: svi:tɪlna]
banco (m)	lavička (ž)	[lavɪtʃka]

polícia (m)	policista (m)	[polɪtsɪsta]
polícia (instituição)	policie (ž)	[polɪtsɪe]
mendigo (m)	žebrák (m)	[ʒebra:k]
sem-abrigo (m)	bezdomovec (m)	[bɛzdomovɛts]

54. Instituições urbanas

loja (f)	obchod (m)	[obxot]
farmácia (f)	lékárna (ž)	[lɛ:ka:rna]
ótica (f)	oční optika (ž)	[otʃni: optɪka]
centro (m) comercial	obchodní středisko (s)	[obxodni: strʃɛdɪsko]
supermercado (m)	supermarket (m)	[supɛrmarket]

padaria (f)	pekařství (s)	[pɛkarʃstvi:]
padeiro (m)	pekař (m)	[pɛkarʃ]
pastelaria (f)	cukrárna (ž)	[tsukra:rna]
mercearia (f)	smíšené zboží (s)	[smiʃɛnɛ: zboʒi:]
talho (m)	řeznictví (s)	[rʒɛznɪtstvi:]

loja (f) de legumes	zelinářství (s)	[zɛlɪna:rʃstvi:]
mercado (m)	tržnice (ž)	[trʒnɪtsɛ]

café (m)	kavárna (ž)	[kava:rna]
restaurante (m)	restaurace (ž)	[rɛstauratsɛ]
bar (m), cervejaria (f)	pivnice (ž)	[pɪvnɪtsɛ]
pizzaria (f)	pizzerie (ž)	[pɪtsɛrɪe]

salão (m) de cabeleireiro	holičství (s) a kadeřnictví	[holɪtʃstvi: a kadɛrʒnɪtstvi:]
correios (m pl)	pošta (ž)	[poʃta]
lavandaria (f)	čistírna (ž)	[tʃɪsti:rna]
estúdio (m) fotográfico	fotografický ateliér (m)	[fotografɪtski: atɛlɪe:r]

sapataria (f)	obchod (m) s obuví	[obxot s obuvi:]
livraria (f)	knihkupectví (s)	[knɪxkupɛtstvi:]

Portuguese	Czech	Pronunciation
loja (f) de artigos de desporto	sportovní potřeby (ž mn)	[sportovni: potrʃɛbɪ]
reparação (f) de roupa	opravna (ž) oděvů	[opravna odevu:]
aluguer (m) de roupa	půjčovna (ž) oděvů	[pu:jtʃovna odevu:]
aluguer (m) de filmes	půjčovna (ž) filmů	[pu:jtʃovna fɪlmu:]
circo (m)	cirkus (m)	[tsɪrkus]
jardim (m) zoológico	zoologická zahrada (ž)	[zoologɪtska: zahrada]
cinema (m)	biograf (m)	[bɪograf]
museu (m)	muzeum (s)	[muzɛum]
biblioteca (f)	knihovna (ž)	[knɪhovna]
teatro (m)	divadlo (s)	[dɪvadlo]
ópera (f)	opera (ž)	[opɛra]
clube (m) noturno	noční klub (m)	[notʃni: klup]
casino (m)	kasino (s)	[kasi:no]
mesquita (f)	mešita (ž)	[mɛʃɪta]
sinagoga (f)	synagóga (ž)	[sinago:ga]
catedral (f)	katedrála (ž)	[katɛdra:la]
templo (m)	chrám (m)	[xra:m]
igreja (f)	kostel (m)	[kostɛl]
instituto (m)	vysoká škola (ž)	[vɪsoka: ʃkola]
universidade (f)	univerzita (ž)	[unɪvɛrzɪta]
escola (f)	škola (ž)	[ʃkola]
prefeitura (f)	prefektura (ž)	[prɛfɛktura]
câmara (f) municipal	magistrát (m)	[magɪstra:t]
hotel (m)	hotel (m)	[hotɛl]
banco (m)	banka (ž)	[baŋka]
embaixada (f)	velvyslanectví (s)	[vɛlvɪslanɛtstvi:]
agência (f) de viagens	cestovní kancelář (ž)	[tsɛstovni: kantsɛla:rʃ]
agência (f) de informações	informační kancelář (ž)	[ɪnformatʃni: kantsɛla:rʃ]
casa (f) de câmbio	směnárna (ž)	[smnena:rna]
metro (m)	metro (s)	[mɛtro]
hospital (m)	nemocnice (ž)	[nɛmotsnɪtsɛ]
posto (m) de gasolina	benzínová stanice (ž)	[bɛnzi:nova: stanɪtsɛ]
parque (m) de estacionamento	parkoviště (s)	[parkovɪʃte]

55. Sinais

Portuguese	Czech	Pronunciation
letreiro (m)	ukazatel (m) směru	[ukazatɛl smneru]
inscrição (f)	nápis (m)	[na:pɪs]
cartaz, póster (m)	plakát (m)	[plaka:t]
sinal (m) informativo	ukazatel (m)	[ukazatɛl]
seta (f)	šípka (ž)	[ʃi:pka]
aviso (advertência)	varování (s)	[varova:ni:]
sinal (m) de aviso	výstraha (ž)	[vi:straha]
avisar, advertir (vt)	upozorňovat	[upozorniovat]
dia (m) de folga	volný den (m)	[volni: dɛn]

horário (m)	jízdní řád (m)	[jiːzdni: rʒaːt]
horário (m) de funcionamento	pracovní doba (ž)	[pratsovni: doba]
BEM-VINDOS!	VÍTEJTE!	[viːtɛjtɛ]
ENTRADA	VCHOD	[vxot]
SAÍDA	VÝCHOD	[viːxot]
EMPURRE	TAM	[tam]
PUXE	SEM	[sɛm]
ABERTO	OTEVŘENO	[otɛvrʒɛno]
FECHADO	ZAVŘENO	[zavrʒeno]
MULHER	ŽENY	[ʒenɪ]
HOMEM	MUŽI	[muʒɪ]
DESCONTOS	SLEVY	[slɛvɪ]
SALDOS	VÝPRODEJ	[viːprodɛj]
NOVIDADE!	NOVINKA!	[novɪŋka]
GRÁTIS	ZDARMA	[zdarma]
ATENÇÃO!	POZOR!	[pozor]
NÃO HÁ VAGAS	VOLNÁ MÍSTA NEJSOU	[volna: miːsta nɛjsou]
RESERVADO	ZADÁNO	[zadaːno]
ADMINISTRAÇÃO	KANCELÁŘ	[kantsɛlaːrʒ]
SOMENTE PESSOAL AUTORIZADO	POUZE PRO PERSONÁL	[pouzɛ pro pɛrsonaːl]
CUIDADO CÃO FEROZ	POZOR! ZLÝ PES	[pozor zliː pɛs]
PROIBIDO FUMAR!	ZÁKAZ KOUŘENÍ	[zaːkaz kourʒeni:]
NÃO TOCAR	NEDOTÝKEJTE SE!	[nɛdotiːkɛjtɛ sɛ]
PERIGOSO	NEBEZPEČNÉ	[nɛbɛzpɛtʃnɛː]
PERIGO	NEBEZPEČÍ	[nɛbɛzpɛtʃiː]
ALTA TENSÃO	VYSOKÉ NAPĚTÍ	[vɪsokɛ: napeti:]
PROIBIDO NADAR	KOUPÁNÍ ZAKÁZÁNO	[koupaːni: zakaːzaːno]
AVARIADO	MIMO PROVOZ	[mɪmo provoz]
INFLAMÁVEL	VYSOCE HOŘLAVÝ	[vɪsotsɛ horʒlavi:]
PROIBIDO	ZÁKAZ	[zaːkaz]
ENTRADA PROIBIDA	PRŮCHOD ZAKÁZÁN	[pruːxot zakaːzaːn]
CUIDADO TINTA FRESCA	ČERSTVĚ NATŘENO	[tʃɛrstve natrʃɛno]

56. Transportes urbanos

autocarro (m)	autobus (m)	[autobus]
elétrico (m)	tramvaj (ž)	[tramvaj]
troleicarro (m)	trolejbus (m)	[trolɛjbus]
itinerário (m)	trasa (ž)	[trasa]
número (m)	číslo (s)	[tʃiːslo]
ir de ... (carro, etc.)	jet	[jɛt]
entrar (~ no autocarro)	nastoupit do ...	[nastoupɪt do]
descer de ...	vystoupit z ...	[vɪstoupɪt z]

paragem (f)	zastávka (ž)	[zasta:fka]
próxima paragem (f)	příští zastávka (ž)	[prʃi:ʃti: zasta:fka]
ponto (m) final	konečná stanice (ž)	[konɛtʃna: stanɪtsɛ]
horário (m)	jízdní řád (m)	[ji:zdni: rʒa:t]
esperar (vt)	čekat	[tʃɛkat]

| bilhete (m) | jízdenka (ž) | [ji:zdɛŋka] |
| custo (m) do bilhete | jízdné (s) | [ji:zdnɛ:] |

bilheteiro (m)	pokladník (m)	[pokladni:k]
controlo (m) dos bilhetes	kontrola (ž)	[kontrola]
revisor (m)	revizor (m)	[rɛvɪzor]

atrasar-se (vr)	mít zpoždění	[mi:t spoʒdɛni:]
perder (o autocarro, etc.)	opozdit se	[opozdɪt sɛ]
estar com pressa	pospíchat	[pospi:xat]

táxi (m)	taxík (m)	[taksi:k]
taxista (m)	taxikář (m)	[taksɪka:rʃ]
de táxi (ir ~)	taxíkem	[taksi:kɛm]
praça (f) de táxis	stanoviště (s) taxíků	[stanovɪʃte taksi:ku:]
chamar um táxi	zavolat taxíka	[zavolat taksi:ka]
apanhar um táxi	vzít taxíka	[vzi:t taksi:ka]

tráfego (m)	uliční provoz (m)	[ulɪtʃni: provoz]
engarrafamento (m)	zácpa (ž)	[za:tspa]
horas (f pl) de ponta	špička (ž)	[ʃpɪtʃka]
estacionar (vi)	parkovat se	[parkovat sɛ]
estacionar (vt)	parkovat	[parkovat]
parque (m) de estacionamento	parkoviště (s)	[parkovɪʃte]

metro (m)	metro (s)	[mɛtro]
estação (f)	stanice (ž)	[stanɪtsɛ]
ir de metro	jet metrem	[jɛt mɛtrɛm]
comboio (m)	vlak (m)	[vlak]
estação (f)	nádraží (s)	[na:draʒi:]

57. Turismo

monumento (m)	památka (ž)	[pama:tka]
fortaleza (f)	pevnost (ž)	[pɛvnost]
palácio (m)	palác (m)	[pala:ts]
castelo (m)	zámek (m)	[za:mɛk]
torre (f)	věž (ž)	[veʃ]
mausoléu (m)	mauzoleum (s)	[mauzolɛum]

arquitetura (f)	architektura (ž)	[arxɪtɛktura]
medieval	středověký	[strʃɛdoveki:]
antigo	starobylý	[starobɪli:]
nacional	národní	[na:rodni:]
conhecido	známý	[zna:mi:]

| turista (m) | turista (m) | [turɪsta] |
| guia (pessoa) | průvodce (m) | [pru:vodtsɛ] |

T&P Books. Vocabulário Português-Checo - 5000 palavras

excursão (f)	výlet (m)	[vi:lɛt]
mostrar (vt)	ukazovat	[ukazovat]
contar (vt)	povídat	[povi:dat]
encontrar (vt)	najít	[naji:t]
perder-se (vr)	ztratit se	[stratɪtsɛ]
mapa (~ do metrô)	plán (m)	[pla:n]
mapa (~ da cidade)	plán (m)	[pla:n]
lembrança (f), presente (m)	suvenýr (m)	[suvɛni:r]
loja (f) de presentes	prodejna (ž) suvenýrů	[prodɛjna suvɛni:ru:]
fotografar (vt)	fotografovat	[fotografovat]
fotografar-se	fotografovat se	[fotografovat sɛ]

58. Compras

comprar (vt)	kupovat	[kupovat]
compra (f)	nákup (m)	[na:kup]
fazer compras	dělat nákupy	[delat na:kupɪ]
compras (f pl)	nakupování (s)	[nakupova:ni:]
estar aberta (loja, etc.)	být otevřen	[bi:t otɛvrʒɛn]
estar fechada	být zavřen	[bi:t zavrʒɛn]
calçado (m)	obuv (ž)	[obuf]
roupa (f)	oblečení (s)	[oblɛtʃɛni:]
cosméticos (m pl)	kosmetika (ž)	[kosmɛtɪka]
alimentos (m pl)	potraviny (ž mn)	[potravɪnɪ]
presente (m)	dárek (m)	[da:rɛk]
vendedor (m)	prodavač (m)	[prodavatʃ]
vendedora (f)	prodavačka (ž)	[prodavatʃka]
caixa (f)	pokladna (ž)	[pokladna]
espelho (m)	zrcadlo (s)	[zrtsadlo]
balcão (m)	pult (m)	[pult]
cabine (f) de provas	zkušební kabinka (ž)	[skuʃɛbni: kabɪŋka]
provar (vt)	zkusit	[skusɪt]
servir (vi)	hodit se	[hodɪt sɛ]
gostar (apreciar)	líbit se	[li:bɪt sɛ]
preço (m)	cena (ž)	[tsɛna]
etiqueta (f) de preço	cenovka (ž)	[tsɛnofka]
custar (vt)	stát	[sta:t]
Quanto?	Kolik?	[kolɪk]
desconto (m)	sleva (ž)	[slɛva]
não caro	levný	[lɛvni:]
barato	levný	[lɛvni:]
caro	drahý	[drahi:]
É caro	To je drahé	[to jɛ drahɛ:]
aluguer (m)	půjčování (s)	[pu:jtʃova:ni:]
alugar (vestidos, etc.)	vypůjčit si	[vɪpu:jtʃɪt sɪ]

55

| crédito (m) | úvěr (m) | [uːver] |
| a crédito | na splátky | [na splaːtkɪ] |

59. Dinheiro

dinheiro (m)	peníze (m mn)	[pɛniːzɛ]
câmbio (m)	výměna (ž)	[viːmnena]
taxa (f) de câmbio	kurz (m)	[kurs]
Caixa Multibanco (m)	bankomat (m)	[baŋkomat]
moeda (f)	mince (ž)	[mɪnʦɛ]

| dólar (m) | dolar (m) | [dolar] |
| euro (m) | euro (s) | [ɛuro] |

lira (f)	lira (ž)	[lɪra]
marco (m)	marka (ž)	[marka]
franco (m)	frank (m)	[fraŋk]
libra (f) esterlina	libra (ž) šterlinků	[lɪbra ʃtɛrlɪŋkuː]
iene (m)	jen (m)	[jɛn]

dívida (f)	dluh (m)	[dlux]
devedor (m)	dlužník (m)	[dluʒniːk]
emprestar (vt)	půjčit	[puːjʧɪt]
pedir emprestado	půjčit si	[puːjʧɪt sɪ]

banco (m)	banka (ž)	[baŋka]
conta (f)	účet (m)	[uːʧɛt]
depositar na conta	uložit na účet	[uloʒɪt na uːʧɛt]
levantar (vt)	vybrat z účtu	[vɪbrat s uːʧtu]

cartão (m) de crédito	kreditní karta (ž)	[krɛdɪtniː karta]
dinheiro (m) vivo	hotové peníze (m mn)	[hotovɛː pɛniːzɛ]
cheque (m)	šek (m)	[ʃɛk]
passar um cheque	vystavit šek	[vɪstavɪt ʃɛk]
livro (m) de cheques	šeková knížka (ž)	[ʃɛkova kniːʃka]

carteira (f)	náprsní taška (ž)	[naːprsni taʃka]
porta-moedas (m)	peněženka (ž)	[pɛneʒeŋka]
cofre (m)	trezor (m)	[trɛzor]

herdeiro (m)	dědic (m)	[dedɪʦ]
herança (f)	dědictví (s)	[dedɪʦtviː]
fortuna (riqueza)	majetek (m)	[majɛtɛk]

arrendamento (m)	nájem (m)	[naːjɛm]
renda (f) de casa	činže (ž)	[ʧɪnʒe]
alugar (vt)	pronajímat si	[pronajiːmat sɪ]

preço (m)	cena (ž)	[ʦɛna]
custo (m)	cena (ž)	[ʦɛna]
soma (f)	částka (ž)	[ʧaːstka]

| gastar (vt) | utrácet | [utraːʦɛt] |
| gastos (m pl) | náklady (m mn) | [naːkladɪ] |

T&P Books. Vocabulário Português-Checo - 5000 palavras

economizar (vi)	šetřit	[ʃɛtr̝ɪt]
económico	úsporný	[uːspornɪː]
pagar (vt)	platit	[platɪt]
pagamento (m)	platba (ž)	[platba]
troco (m)	peníze (m mn) nazpět	[pɛniːzɛ naspet]
imposto (m)	daň (ž)	[danʲ]
multa (f)	pokuta (ž)	[pokuta]
multar (vt)	pokutovat	[pokutovat]

60. Correios. Serviço postal

correios (m pl)	pošta (ž)	[poʃta]
correio (m)	pošta (ž)	[poʃta]
carteiro (m)	listonoš (m)	[lɪstonoʃ]
horário (m)	pracovní doba (ž)	[pratsovniː doba]
carta (f)	dopis (m)	[dopɪs]
carta (f) registada	doporučený dopis (m)	[doporutʃeniː dopɪs]
postal (m)	pohlednice (ž)	[pohlɛdnɪtsɛ]
telegrama (m)	telegram (m)	[tɛlɛgram]
encomenda (f) postal	balík (m)	[baliːk]
remessa (f) de dinheiro	peněžní poukázka (ž)	[pɛneʒniː poukaːska]
receber (vt)	dostat	[dostat]
enviar (vt)	odeslat	[odɛslat]
envio (m)	odeslání (s)	[odɛslaːniː]
endereço (m)	adresa (ž)	[adrɛsa]
código (m) postal	poštovní směrovací číslo (s)	[poʃtovniː smnerovatsɪː tʃiːslo]
remetente (m)	odesílatel (m)	[odɛsiːlatɛl]
destinatário (m)	příjemce (m)	[prʃiːjɛmtsɛ]
nome (m)	jméno (s)	[jmɛːno]
apelido (m)	příjmení (s)	[prʃiːjmɛniː]
tarifa (f)	tarif (m)	[tarɪf]
ordinário	obyčejný	[obɪtʃɛjniː]
económico	zlevněný	[zlɛvneniː]
peso (m)	váha (ž)	[vaːha]
pesar (estabelecer o peso)	vážit	[vaːʒɪt]
envelope (m)	obálka (ž)	[obaːlka]
selo (m)	známka (ž)	[znaːmka]
colar o selo	nalepovat známku	[nalɛpovat znaːmku]

Moradia. Casa. Lar

61. Casa. Eletricidade

eletricidade (f)	elektřina (ž)	[ɛlɛktrʃɪna]
lâmpada (f)	žárovka (ž)	[ʒaːrofka]
interruptor (m)	vypínač (m)	[vɪpiːnatʃ]
fusível (m)	pojistka (ž)	[pojɪstka]
fio, cabo (m)	vodič (m)	[vodɪtʃ]
instalação (f) elétrica	vedení (s)	[vɛdɛniː]
contador (m) de eletricidade	elektroměr (m)	[ɛlɛktromner]
indicação (f), registo (m)	údaj (m)	[uːdaj]

62. Moradia. Mansão

casa (f) de campo	venkovský dům (m)	[vɛŋkovskiː duːm]
vila (f)	vila (ž)	[vɪla]
ala (~ do edifício)	křídlo (s)	[krʃiːdlo]
jardim (m)	zahrada (ž)	[zahrada]
parque (m)	park (m)	[park]
estufa (f)	oranžérie (ž)	[oranʒeːrɪe]
cuidar de ...	zahradničit	[zahradnɪtʃɪt]
piscina (f)	bazén (m)	[bazɛːn]
ginásio (m)	tělocvična (ž)	[tɛlotsvɪtʃna]
campo (m) de ténis	tenisový kurt (m)	[tɛnɪsoviː kurt]
cinema (m)	biograf (m)	[bɪograf]
garagem (f)	garáž (ž)	[garaːʃ]
propriedade (f) privada	soukromé vlastnictví (s)	[soukromɛː vlastnɪtstviː]
terreno (m) privado	soukromý pozemek (m)	[soukromiː pozɛmɛk]
advertência (f)	výstraha (ž)	[viːstraha]
sinal (m) de aviso	výstražný nápis (m)	[viːstraʒniː naːpɪs]
guarda (f)	stráž (ž)	[straːʃ]
guarda (m)	strážce (m)	[straːʒtsɛ]
alarme (m)	signalizace (ž)	[sɪgnalɪzatsɛ]

63. Apartamento

apartamento (m)	byt (m)	[bɪt]
quarto (m)	pokoj (m)	[pokoj]
quarto (m) de dormir	ložnice (ž)	[loʒnɪtsɛ]

sala (f) de jantar	jídelna (ž)	[ji:dɛlna]
sala (f) de estar	přijímací pokoj (m)	[prʃɪji:matsi: pokoj]
escritório (m)	pracovna (ž)	[pratsovna]

antessala (f)	předsíň (ž)	[prʃɛtsi:nʲ]
quarto (m) de banho	koupelna (ž)	[koupɛlna]
toilette (lavabo)	záchod (m)	[za:xot]

teto (m)	strop (m)	[strop]
chão, soalho (m)	podlaha (ž)	[podlaha]
canto (m)	kout (m)	[kout]

64. Mobiliário. Interior

mobiliário (m)	nábytek (m)	[na:bɪtɛk]
mesa (f)	stůl (m)	[stu:l]
cadeira (f)	židle (ž)	[ʒɪdlɛ]
cama (f)	lůžko (s)	[lu:ʃko]

| divã (m) | pohovka (ž) | [pohofka] |
| cadeirão (m) | křeslo (s) | [krʃɛslo] |

| estante (f) | knihovna (ž) | [knɪhovna] |
| prateleira (f) | police (ž) | [polɪtsɛ] |

guarda-vestidos (m)	skříň (ž)	[skrʃi:nʲ]
cabide (m) de parede	předsíňový věšák (m)	[prʃɛdsi:novi: veʃa:k]
cabide (m) de pé	stojanový věšák (m)	[stojanovi: veʃa:k]

| cómoda (f) | prádelník (m) | [pra:dɛlni:k] |
| mesinha (f) de centro | konferenční stolek (m) | [konfɛrɛntʃni: stolɛk] |

espelho (m)	zrcadlo (s)	[zrtsadlo]
tapete (m)	koberec (m)	[kobɛrɛts]
tapete (m) pequeno	kobereček (m)	[kobɛrɛtʃɛk]

lareira (f)	krb (m)	[krp]
vela (f)	svíce (ž)	[svi:tsɛ]
castiçal (m)	svícen (m)	[svi:tsɛn]

cortinas (f pl)	záclony (ž mn)	[za:tslonɪ]
papel (m) de parede	tapety (ž mn)	[tapɛtɪ]
estores (f pl)	žaluzie (ž)	[ʒaluzɪe]

| candeeiro (m) de mesa | stolní lampa (ž) | [stolni: lampa] |
| candeeiro (m) de parede | svítidlo (s) | [svi:tɪdlo] |

| candeeiro (m) de pé | stojací lampa (ž) | [stojatsi: lampa] |
| lustre (m) | lustr (m) | [lustr] |

pé (de mesa, etc.)	noha (ž)	[noha]
braço (m)	područka (ž)	[podrutʃka]
costas (f pl)	opěradlo (s)	[operadlo]
gaveta (f)	zásuvka (ž)	[za:sufka]

65. Quarto de dormir

roupa (f) de cama	ložní prádlo (s)	[loʒɲi: pra:dlo]
almofada (f)	polštář (m)	[polʃta:rʃ]
fronha (f)	povlak (m) na polštář	[povlak na polʃta:rʒ]
cobertor (m)	deka (ž)	[dɛka]
lençol (m)	prostěradlo (s)	[prosteradlo]
colcha (f)	přikrývka (ž)	[prʃɪkri:fka]

66. Cozinha

cozinha (f)	kuchyně (ž)	[kuxɪne]
gás (m)	plyn (m)	[plɪn]
fogão (m) a gás	plynový sporák (m)	[plɪnovi: spora:k]
fogão (m) elétrico	elektrický sporák (m)	[ɛlɛktrɪtski: spora:k]
forno (m)	trouba (ž)	[trouba]
forno (m) de micro-ondas	mikrovlnná pec (ž)	[mɪkrovlnna: pɛts]

frigorífico (m)	lednička (ž)	[lɛdnɪʧka]
congelador (m)	mrazicí komora (ž)	[mrazɪtsi: komora]
máquina (f) de lavar louça	myčka (ž) nádobí	[mɪʧka na:dobi:]

moedor (m) de carne	mlýnek (m) na maso	[mli:nɛk na maso]
espremedor (m)	odšťavňovač (m)	[otʃtʲavnʲovaʧ]
torradeira (f)	opékač (m) topinek	[opɛ:kaʧ topɪnɛk]
batedeira (f)	mixér (m)	[mɪksɛ:r]

máquina (f) de café	kávovar (m)	[ka:vovar]
cafeteira (f)	konvice (ž) na kávu	[konvɪtsɛ na ka:vu]
moinho (m) de café	mlýnek (m) na kávu	[mli:nɛk na ka:vu]

chaleira (f)	čajník (m)	[ʧajni:k]
bule (m)	čajová konvice (ž)	[ʧajova: konvɪtsɛ]
tampa (f)	poklička (ž)	[poklɪʧka]
coador (m) de chá	cedítko (s)	[tsɛdi:tko]

colher (f)	lžíce (ž)	[lʒi:tsɛ]
colher (f) de chá	kávová lžička (ž)	[ka:vova: lʒɪʧka]
colher (f) de sopa	polévková lžíce (ž)	[polɛ:fkova: lʒi:tsɛ]
garfo (m)	vidlička (ž)	[vɪdlɪʧka]
faca (f)	nůž (m)	[nu:ʃ]

louça (f)	nádobí (s)	[na:dobi:]
prato (m)	talíř (m)	[tali:rʃ]
pires (m)	talířek (m)	[tali:rʒɛk]

cálice (m)	sklenička (ž)	[sklɛnɪʧka]
copo (m)	sklenice (ž)	[sklɛnɪtsɛ]
chávena (f)	šálek (m)	[ʃa:lɛk]

açucareiro (m)	cukřenka (ž)	[tsukrʃɛŋka]
saleiro (m)	solnička (ž)	[solnɪʧka]
pimenteiro (m)	pepřenka (ž)	[pɛprʃɛŋka]

manteigueira (f)	nádobka (ž) na máslo	[na:dopka na ma:slo]
panela, caçarola (f)	hrnec (m)	[hrnɛts]
frigideira (f)	pánev (ž)	[pa:nɛf]
concha (f)	naběračka (ž)	[naberatʃka]
passador (m)	cedník (m)	[tsɛdni:k]
bandeja (f)	podnos (m)	[podnos]

garrafa (f)	láhev (ž)	[la:hɛf]
boião (m) de vidro	sklenice (ž)	[sklɛnɪtsɛ]
lata (f)	plechovka (ž)	[plɛxofka]

abre-garrafas (m)	otvírač (m) lahví	[otvi:ratʃ lahvi:]
abre-latas (m)	otvírač (m) konzerv	[otvi:ratʃ konzɛrf]
saca-rolhas (m)	vývrtka (ž)	[vi:vrtka]
filtro (m)	filtr (m)	[fɪltr]
filtrar (vt)	filtrovat	[fɪltrovat]

| lixo (m) | odpadky (m mn) | [otpatki:] |
| balde (m) do lixo | kbelík (m) na odpadky | [gbɛli:k na otpatkɪ] |

67. Casa de banho

quarto (m) de banho	koupelna (ž)	[koupɛlna]
água (f)	voda (ž)	[voda]
torneira (f)	kohout (m)	[kohout]
água (f) quente	teplá voda (ž)	[tɛpla: voda]
água (f) fria	studená voda (ž)	[studɛna: voda]

| pasta (f) de dentes | zubní pasta (ž) | [zubni: pasta] |
| escovar os dentes | čistit si zuby | [tʃɪstɪt sɪ zubɪ] |

barbear-se (vr)	holit se	[holɪt sɛ]
espuma (f) de barbear	pěna (ž) na holení	[pena na holɛni:]
máquina (f) de barbear	holicí strojek (m)	[holɪtsi: strojɛk]

lavar (vt)	mýt	[mi:t]
lavar-se (vr)	mýt se	[mi:t sɛ]
duche (m)	sprcha (ž)	[sprxa]
tomar um duche	sprchovat se	[sprxovat sɛ]

banheira (f)	vana (ž)	[vana]
sanita (f)	záchodová mísa (ž)	[za:xodova: mi:sa]
lavatório (m)	umývadlo (s)	[umi:vadlo]

| sabonete (m) | mýdlo (m) | [mi:dlo] |
| saboneteira (f) | miska (ž) na mýdlo | [mɪska na mi:dlo] |

esponja (f)	mycí houba (ž)	[mɪtsi: houba]
champô (m)	šampon (m)	[ʃampon]
toalha (f)	ručník (m)	[rutʃni:k]
roupão (m) de banho	župan (m)	[ʒupan]

| lavagem (f) | praní (s) | [prani:] |
| máquina (f) de lavar | pračka (ž) | [pratʃka] |

| lavar a roupa | prát | [praːt] |
| detergente (m) | prací prášek (m) | [pratsi: praːʃɛk] |

68. Eletrodomésticos

televisor (m)	televizor (m)	[tɛlɛvɪzor]
gravador (m)	magnetofon (m)	[magnɛtofon]
videogravador (m)	videomagnetofon (m)	[vɪdɛomagnɛtofon]
rádio (m)	přijímač (m)	[prʃɪjiːmatʃ]
leitor (m)	přehrávač (m)	[prʃɛhraːvatʃ]

projetor (m)	projektor (m)	[projɛktor]
cinema (m) em casa	domácí biograf (m)	[domaːtsi: bɪograf]
leitor (m) de DVD	DVD přehrávač (m)	[dɛvɛdɛ prʃɛhraːvatʃ]
amplificador (m)	zesilovač (m)	[zɛsɪlovatʃ]
console (f) de jogos	hrací přístroj (m)	[hratsi: prʃiːstroj]

câmara (f) de vídeo	videokamera (ž)	[vɪdɛokamɛra]
máquina (f) fotográfica	fotoaparát (m)	[fotoaparaːt]
câmara (f) digital	digitální fotoaparát (m)	[dɪgɪtaːlni: fotoaparaːt]

aspirador (m)	vysavač (m)	[vɪsavatʃ]
ferro (m) de engomar	žehlička (ž)	[ʒehlɪtʃka]
tábua (f) de engomar	žehlicí prkno (s)	[ʒehlɪtsi: prkno]

telefone (m)	telefon (m)	[tɛlɛfon]
telemóvel (m)	mobilní telefon (m)	[mobɪlni: tɛlɛfon]
máquina (f) de escrever	psací stroj (m)	[psatsi: stroj]
máquina (f) de costura	šicí stroj (m)	[ʃɪtsi: stroj]

microfone (m)	mikrofon (m)	[mɪkrofon]
auscultadores (m pl)	sluchátka (s mn)	[sluxaːtka]
controlo remoto (m)	ovládač (m)	[ovlaːdatʃ]

CD (m)	CD disk (m)	[tsɛːdɛː dɪsk]
cassete (f)	kazeta (ž)	[kazɛta]
disco (m) de vinil	deska (ž)	[dɛska]

ATIVIDADES HUMANAS

Emprego. Negócios. Parte 1

69. Escritório. O trabalho no escritório

escritório (~ de advogados)	kancelář (ž)	[kantsɛla:rʃ]
escritório (do diretor, etc.)	pracovna (ž)	[pratsovna]
receção (f)	recepce (ž)	[rɛtsɛptsɛ]
secretário (m)	sekretář (m)	[sɛkrɛta:rʃ]
diretor (m)	ředitel (m)	[rʒɛdɪtɛl]
gerente (m)	manažer (m)	[manaʒer]
contabilista (m)	účetní (m, ž)	[u:tʃɛtni:]
empregado (m)	zaměstnanec (m)	[zamnestnanɛts]
mobiliário (m)	nábytek (m)	[na:bɪtɛk]
mesa (f)	stůl (m)	[stu:l]
cadeira (f)	křeslo (s)	[krʃɛslo]
bloco (m) de gavetas	zásuvkový díl (ž)	[za:sufkovi: di:l]
cabide (m) de pé	věšák (m)	[veʃa:k]
computador (m)	počítač (m)	[potʃi:tatʃ]
impressora (f)	tiskárna (ž)	[tɪska:rna]
fax (m)	fax (m)	[faks]
fotocopiadora (f)	kopírovací přístroj (m)	[kopi:rovatsi: prʃi:stroj]
papel (m)	papír (m)	[papi:r]
artigos (m pl) de escritório	kancelářské potřeby (ž mn)	[kantsɛlarʃskɛ: potrʃɛbɪ]
tapete (m) de rato	podložka (ž) pro myš	[podloʃka pro mɪʃ]
folha (f) de papel	list (m)	[lɪst]
pasta (f)	fascikl (m)	[fastsɪkl]
catálogo (m)	katalog (m)	[katalok]
diretório (f) telefónico	příručka (ž)	[prʃi:rutʃka]
documentação (f)	dokumentace (ž)	[dokumɛntatsɛ]
brochura (f)	brožura (ž)	[broʒura]
flyer (m)	leták (m)	[lɛta:k]
amostra (f)	vzor (m)	[vzor]
formação (f)	trénink (m)	[trɛ:nɪŋk]
reunião (f)	porada (ž)	[porada]
hora (f) de almoço	polední přestávka (ž)	[polɛdni: prʃɛsta:fka]
fazer uma cópia	dělat kopii	[delat kopɪjɪ]
tirar cópias	rozmnožit	[rozmnoʒɪt]
receber um fax	přijímat fax	[prʃɪji:mat faks]
enviar um fax	odesílat fax	[odɛsi:lat faks]
fazer uma chamada	zavolat	[zavolat]

| responder (vt) | odpovědět | [otpovedet] |
| passar (vt) | spojit | [spojɪt] |

marcar (vt)	stanovovat	[stanovovat]
demonstrar (vt)	demonstrovat	[dɛmonstrovat]
estar ausente	být nepřítomen	[bi:t nɛprʃi:tomɛn]
ausência (f)	absence (ž)	[apsɛntsɛ]

70. Processos negociais. Parte 1

ocupação (f)	práce (ž)	[pra:tsɛ]
firma, empresa (f)	firma (ž)	[fɪrma]
companhia (f)	společnost (ž)	[spolɛtʃnost]
corporação (f)	korporace (ž)	[korporatsɛ]
empresa (f)	podnik (m)	[podnɪk]
agência (f)	agentura (ž)	[agɛntura]

acordo (documento)	smlouva (ž)	[smlouva]
contrato (m)	kontrakt (m)	[kontrakt]
acordo (transação)	obchod (m)	[obxot]
encomenda (f)	objednávka (ž)	[objɛdna:fka]
cláusulas (f pl), termos (m pl)	podmínka (ž)	[podmi:ŋka]

por grosso (adv)	ve velkém	[vɛ vɛlkɛ:m]
por grosso (adj)	velkoobchodní	[vɛlkoobxodni:]
venda (f) por grosso	prodej (m) ve velkém	[prodɛj vɛ vɛlkɛ:m]
a retalho	maloobchodní	[maloobxodni:]
venda (f) a retalho	prodej (m) v drobném	[prodɛj v drobnɛ:m]

concorrente (m)	konkurent (m)	[koŋkurɛnt]
concorrência (f)	konkurence (ž)	[koŋkurɛntsɛ]
competir (vi)	konkurovat	[koŋkurovat]

| sócio (m) | partner (m) | [partnɛr] |
| parceria (f) | partnerství (s) | [partnɛrstvi:] |

crise (f)	krize (ž)	[krɪzɛ]
bancarrota (f)	bankrot (m)	[baŋkrot]
entrar em falência	zbankrotovat	[zbaŋkrotovat]
dificuldade (f)	potíž (ž)	[poti:ʃ]
problema (m)	problém (m)	[problɛ:m]
catástrofe (f)	katastrofa (ž)	[katastrofa]

economia (f)	ekonomika (ž)	[ɛkonomɪka]
económico	ekonomický	[ɛkonomɪtski:]
recessão (f) económica	hospodářský pokles (m)	[hospoda:rʃski: poklɛs]

| objetivo (m) | cíl (m) | [tsi:l] |
| tarefa (f) | úkol (m) | [u:kol] |

comerciar (vi, vt)	obchodovat	[obxodovat]
rede (de distribuição)	síť (ž)	[si:tʲ]
estoque (m)	sklad (m)	[sklat]
sortimento (m)	sortiment (m)	[sortɪmɛnt]

líder (m)	předák (m)	[prʃɛdaːk]
grande (~ empresa)	velký	[vɛlkiː]
monopólio (m)	monopol (m)	[monopol]

teoria (f)	teorie (ž)	[tɛorɪe]
prática (f)	praxe (ž)	[praksɛ]
experiência (falar por ~)	zkušenost (ž)	[skuʃɛnost]
tendência (f)	tendence (ž)	[tɛndɛntsɛ]
desenvolvimento (m)	rozvoj (m)	[rozvoj]

71. Processos negociais. Parte 2

| rentabilidade (f) | výhoda (ž) | [viːhoda] |
| rentável | výhodný | [viːhodniː] |

delegação (f)	delegace (ž)	[dɛlɛgatsɛ]
salário, ordenado (m)	mzda (ž)	[mzda]
corrigir (um erro)	opravovat	[opravovat]
viagem (f) de negócios	služební cesta (ž)	[sluʒebniː tsɛsta]
comissão (f)	komise (ž)	[komɪsɛ]

controlar (vt)	kontrolovat	[kontrolovat]
conferência (f)	konference (ž)	[konfɛrɛntsɛ]
licença (f)	licence (ž)	[lɪtsɛntsɛ]
confiável	spolehlivý	[spolɛhlɪviː]

empreendimento (m)	iniciativa (ž)	[ɪnɪtsɪatɪva]
norma (f)	norma (ž)	[norma]
circunstância (f)	okolnost (ž)	[okolnost]
dever (m)	povinnost (ž)	[povɪnnost]

empresa (f)	organizace (ž)	[organɪzatsɛ]
organização (f)	organizace (ž)	[organɪzatsɛ]
organizado	organizovaný	[organɪzovaniː]
anulação (f)	zrušení (s)	[zruʃɛniː]
anular, cancelar (vt)	zrušit	[zruʃɪt]
relatório (m)	zpráva (ž)	[spraːva]

patente (f)	patent (m)	[patɛnt]
patentear (vt)	patentovat	[patɛntovat]
planear (vt)	plánovat	[plaːnovat]

prémio (m)	prémie (ž)	[prɛːmɪe]
profissional	profesionální	[profɛsɪonaːlniː]
procedimento (m)	procedura (ž)	[protsɛdura]

examinar (a questão)	projednat	[projɛdnat]
cálculo (m)	výpočet (m)	[viːpotʃet]
reputação (f)	reputace (ž)	[rɛputatsɛ]
risco (m)	riziko (s)	[rɪzɪko]

dirigir (~ uma empresa)	řídit	[rʒiːdɪt]
informação (f)	údaje (m mn)	[uːdajɛ]
propriedade (f)	vlastnictví (s)	[vlastnɪtstviː]

união (f)	unie (ž)	[unɪe]
seguro (m) de vida	pojištění (s) života	[pojɪʃteni: ʒɪvota]
fazer um seguro	pojišťovat	[pojɪʃtʲovat]
seguro (m)	pojistka (ž)	[pojɪstka]

leilão (m)	dražba (ž)	[draʒba]
notificar (vt)	uvědomit	[uvɛdomɪt]
gestão (f)	řízení (s)	[r̝ʒi:zɛni:]
serviço (indústria de ~s)	služba (ž)	[sluʒba]

fórum (m)	fórum (s)	[fo:rum]
funcionar (vi)	fungovat	[fungovat]
estágio (m)	etapa (ž)	[ɛtapa]
jurídico	právnický	[pra:vnɪtski:]
jurista (m)	právník (m)	[pra:vni:k]

72. Produção. Trabalhos

usina (f)	závod (m)	[za:vot]
fábrica (f)	továrna (ž)	[tova:rna]
oficina (f)	dílna (ž)	[di:lna]
local (m) de produção	podnik (m)	[podnɪk]

indústria (f)	průmysl (m)	[pru:mɪsl]
industrial	průmyslový	[pru:mɪslovi:]
indústria (f) pesada	těžký průmysl (m)	[tɛʃki: pru:mɪsl]
indústria (f) ligeira	lehký průmysl (m)	[lɛhki: pru:mɪsl]

produção (f)	výroba (ž)	[vi:roba]
produzir (vt)	vyrábět	[vɪra:bet]
matérias-primas (f pl)	surovina (ž)	[surovɪna]

chefe (m) de brigada	četař (m)	[tʃɛtarʃ]
brigada (f)	brigáda (ž)	[brɪga:da]
operário (m)	dělník (m)	[delni:k]

dia (m) de trabalho	pracovní den (m)	[pratsovni: dɛn]
pausa (f)	přestávka (ž)	[prʃɛsta:fka]
reunião (f)	schůze (ž)	[sxu:zɛ]
discutir (vt)	projednávat	[projɛdna:vat]

plano (m)	plán (m)	[pla:n]
cumprir o plano	plnit plán	[plnɪt pla:n]
taxa (f) de produção	norma (ž)	[norma]
qualidade (f)	kvalita (ž)	[kvalɪta]
controlo (m)	kontrola (ž)	[kontrola]
controlo (m) da qualidade	kontrola (ž) kvality	[kontrola kvalɪtɪ]

segurança (f) no trabalho	bezpečnost (ž) práce	[bɛzpɛtʃnost pra:tsɛ]
disciplina (f)	kázeň (ž)	[ka:zɛnʲ]
infração (f)	přestupek (m)	[prʃɛstupɛk]
violar (as regras)	nedodržovat	[nɛdodrʒovat]
greve (f)	stávka (ž)	[sta:fka]
grevista (m)	stávkující (m)	[sta:fkuji:tsi:]

estar em greve	stávkovat	[staːfkovat]
sindicato (m)	odbory (m)	[odborɪ]

inventar (vt)	vynalézat	[vɪnalɛːzat]
invenção (f)	vynález (m)	[vɪnalɛːz]
pesquisa (f)	výzkum (m)	[viːskum]
melhorar (vt)	zlepšovat	[zlɛpʃovat]
tecnologia (f)	technologie (ž)	[tɛxnologɪe]
desenho (m) técnico	výkres (m)	[viːkrɛs]

carga (f)	náklad (m)	[naːklat]
carregador (m)	nakládač (m)	[naklaːdatʃ]
carregar (vt)	nakládat	[naklaːdat]
carregamento (m)	nakládání (s)	[naklaːdaːniː]
descarregar (vt)	vykládat	[vɪklaːdat]
descarga (f)	vykládání (s)	[vɪklaːdaːniː]

transporte (m)	doprava (ž)	[doprava]
companhia (f) de transporte	dopravní společnost (ž)	[dopravniː spolɛtʃnost]
transportar (vt)	dopravovat	[dopravovat]

vagão (m) de carga	nákladní vůz (m)	[naːkladni vuːz]
cisterna (f)	cisterna (ž)	[tsɪstɛrna]
camião (m)	nákladní auto (s)	[naːkladni auto]

máquina-ferramenta (f)	stroj (m)	[stroj]
mecanismo (m)	mechanismus (m)	[mɛxanɪzmus]

resíduos (m pl) industriais	odpad (m)	[otpat]
embalagem (f)	balení (s)	[balɛniː]
embalar (vt)	zabalit	[zabalɪt]

73. Contrato. Acordo

contrato (m)	kontrakt (m)	[kontrakt]
acordo (m)	dohoda (ž)	[dohoda]
adenda (f), anexo (m)	příloha (ž)	[prʃiːloha]

assinar o contrato	uzavřít kontrakt	[uzavrʒiːt kontrakt]
assinatura (f)	podpis (m)	[potpɪs]
assinar (vt)	podepsat	[podɛpsat]
carimbo (m)	razítko (s)	[raziːtko]

objeto (m) do contrato	předmět (m) smlouvy	[prʃɛdmnet smlouvɪ]
cláusula (f)	bod (m)	[bot]
partes (f pl)	strany (ž mn)	[stranɪ]
morada (f) jurídica	sídlo (s)	[siːdlo]

violar o contrato	porušit kontrakt	[poruʃɪt kontrakt]
obrigação (f)	závazek (m)	[zaːvazɛk]
responsabilidade (f)	odpovědnost (ž)	[otpovednost]
força (f) maior	vyšší moc (ž)	[vɪʃiː mots]
litígio (m), disputa (f)	spor (m)	[spor]
multas (f pl)	sankční pokuta (ž)	[saŋktʃni: pokuta]

74. Importação & Exportação

importação (f)	dovoz, import (m)	[dovoz], [ɪmport]
importador (m)	dovozce (m)	[dovoztsɛ]
importar (vt)	dovážet	[dovaːʒet]
de importação	dovozový	[dovozoviː]

exportador (m)	vývozce (m)	[viːvoztsɛ]
exportar (vt)	vyvážet	[vɪvaːʒet]

mercadoria (f)	zboží (s)	[zboʒiː]
lote (de mercadorias)	partie (ž)	[partɪe]

peso (m)	váha (ž)	[vaːha]
volume (m)	objem (m)	[objɛm]
metro (m) cúbico	krychlový metr (m)	[krɪxloviː mɛtr]

produtor (m)	výrobce (m)	[viːrobtsɛ]
companhia (f) de transporte	dopravní společnost (ž)	[dopravniː spolɛtʃnost]
contentor (m)	kontejner (m)	[kontɛjnɛr]

fronteira (f)	hranice (ž)	[hranɪtsɛ]
alfândega (f)	celnice (ž)	[tsɛlnɪtsɛ]
taxa (f) alfandegária	clo (s)	[tslo]
funcionário (m) da alfândega	celník (m)	[tsɛlniːk]
contrabando (atividade)	pašování (s)	[paʃovaːniː]
contrabando (produtos)	pašované zboží (s mn)	[paʃovanɛ zboʒiː]

75. Finanças

ação (f)	akcie (ž)	[aktsɪe]
obrigação (f)	dluhopis (m)	[dluhopɪs]
nota (f) promissória	směnka (ž)	[smneŋka]

bolsa (f)	burza (ž)	[burza]
cotação (m) das ações	kurz (m) akcií	[kurs aktsɪjiː]

tornar-se mais barato	zlevnět	[zlɛvnet]
tornar-se mais caro	zdražit	[zdraʒɪt]

parte (f)	podíl (m)	[podiːl]
participação (f) maioritária	kontrolní balík (m)	[kontrolniː baliːk]

investimento (m)	investice (ž mn)	[ɪnvɛstɪtsɛ]
investir (vt)	investovat	[ɪnvɛstovat]
percentagem (f)	procento (s)	[protsɛnto]
juros (m pl)	úroky (m mn)	[uːrokɪ]

lucro (m)	zisk (m)	[zɪsk]
lucrativo	ziskový	[zɪskoviː]
imposto (m)	daň (ž)	[danʲ]
divisa (f)	měna (ž)	[mnena]
nacional	národní	[naːrodniː]

câmbio (m)	výměna (ž)	[vi:mnena]
contabilista (m)	účetní (m, ž)	[u:tʃɛtni:]
contabilidade (f)	účtárna (ž)	[u:tʃta:rna]

bancarrota (f)	bankrot (m)	[baŋkrot]
falência (f)	krach (m)	[krax]
ruína (f)	bankrot (m)	[baŋkrot]
arruinar-se (vr)	zkrachovat	[skraxovat]
inflação (f)	inflace (ž)	[ɪnflatsɛ]
desvalorização (f)	devalvace (ž)	[dɛvalvatsɛ]

capital (m)	kapitál (m)	[kapɪta:l]
rendimento (m)	příjem (m)	[prʃi:jɛm]
volume (m) de negócios	obrat (m)	[obrat]
recursos (m pl)	zdroje (m mn)	[zdrojɛ]
recursos (m pl) financeiros	peněžní prostředky (m mn)	[pɛneʒni: prostrʃɛtkɪ]
reduzir (vt)	snížit	[sni:ʒɪt]

76. Marketing

marketing (m)	marketing (m)	[markɛtɪŋk]
mercado (m)	trh (m)	[trx]
segmento (m) do mercado	segment (m) trhu	[sɛgmɛnt trhu]
produto (m)	produkt (m)	[produkt]
mercadoria (f)	zboží (s)	[zboʒi:]

marca (f)	obchodní značka (ž)	[obxodni: znatʃka]
logotipo (m)	firemní značka (ž)	[fɪrɛmni: znatʃka]
logo (m)	logo (s)	[logo]

demanda (f)	poptávka (ž)	[popta:fka]
oferta (f)	nabídka (ž)	[nabi:tka]
necessidade (f)	potřeba (ž)	[potrʃɛba]
consumidor (m)	spotřebitel (m)	[spotrʃɛbɪtɛl]

análise (f)	analýza (ž)	[anali:za]
analisar (vt)	analyzovat	[analɪzovat]
posicionamento (m)	určování (s) pozice	[urtʃova:ni: pozɪtsɛ]
posicionar (vt)	určovat pozici	[urtʃovat pozɪtsɪ]

preço (m)	cena (ž)	[tsɛna]
política (f) de preços	cenová politika (ž)	[tsɛnova: polɪtɪka]
formação (f) de preços	tvorba (ž) cen	[tvorba tsɛn]

77. Publicidade

publicidade (f)	reklama (ž)	[rɛklama]
publicitar (vt)	dělat reklamu	[delat rɛklamu]
orçamento (m)	rozpočet (m)	[rozpotʃɛt]

anúncio (m) publicitário	reklama (ž)	[rɛklama]
publicidade (f) televisiva	televizní reklama (ž)	[tɛlɛvɪzni: rɛklama]

69

| publicidade (f) na rádio | rozhlasová reklama (ž) | [rozhlasova: rɛklama] |
| publicidade (f) exterior | venkovní reklama (ž) | [vɛŋkovni: rɛklama] |

comunicação (f) de massa	média (s mn)	[mɛ:dɪa]
periódico (m)	periodikum (s)	[pɛrɪodɪkum]
imagem (f)	image (ž)	[ɪmɪdʒ]

| slogan (m) | heslo (s) | [hɛslo] |
| mote (m), divisa (f) | heslo (s) | [hɛslo] |

campanha (f)	kampaň (ž)	[kampanʲ]
companha (f) publicitária	reklamní kampaň (ž)	[rɛklamni: kampanʲ]
grupo (m) alvo	cílové posluchačstvo (s)	[tsi:lovɛ: posluxatʃstvo]

cartão (m) de visita	vizitka (ž)	[vɪzɪtka]
flyer (m)	leták (m)	[lɛta:k]
brochura (f)	brožura (ž)	[broʒura]
folheto (m)	skládanka (ž)	[skla:daŋka]
boletim (~ informativo)	bulletin (m)	[bɪltɛ:n]

letreiro (m)	reklamní tabule (ž)	[rɛklamni: tabulɛ]
cartaz, póster (m)	plakát (m)	[plaka:t]
painel (m) publicitário	billboard (m)	[bɪlbo:rt]

78. Banca

| banco (m) | banka (ž) | [baŋka] |
| sucursal, balcão (f) | pobočka (ž) | [pobotʃka] |

| consultor (m) | konzultant (m) | [konzultant] |
| gerente (m) | správce (m) | [spra:vtsɛ] |

conta (f)	účet (m)	[u:tʃɛt]
número (m) da conta	číslo (s) účtu	[tʃi:slo u:tʃtu]
conta (f) corrente	běžný účet (m)	[bɛʒni: u:tʃɛt]
conta (f) poupança	spořitelní účet (m)	[sporʒɪtɛlni: u:tʃɛt]

abrir uma conta	založit účet	[zaloʒɪt u:tʃɛt]
fechar uma conta	uzavřít účet	[uzavrʒi:t u:tʃɛt]
depositar na conta	uložit na účet	[uloʒɪt na u:tʃɛt]
levantar (vt)	vybrat z účtu	[vɪbrat s u:tʃtu]

depósito (m)	vklad (m)	[fklat]
fazer um depósito	uložit vklad	[uloʒɪt fklat]
transferência (f) bancária	převod (m)	[prʃɛvot]
transferir (vt)	převést	[prʃɛvɛ:st]

| soma (f) | částka (ž) | [tʃa:stka] |
| Quanto? | Kolik? | [kolɪk] |

assinatura (f)	podpis (m)	[potpɪs]
assinar (vt)	podepsat	[podɛpsat]
cartão (m) de crédito	kreditní karta (ž)	[krɛdɪtni: karta]
código (m)	kód (m)	[ko:t]

número (m) do cartão de crédito	číslo (s) kreditní karty	[tʃi:slo krɛdɪtni: kartɪ]
Caixa Multibanco (m)	bankomat (m)	[baŋkomat]

cheque (m)	šek (m)	[ʃɛk]
passar um cheque	vystavit šek	[vɪstavɪt ʃɛk]
livro (m) de cheques	šeková knížka (ž)	[ʃɛkova: kni:ʃka]

empréstimo (m)	úvěr (m)	[u:ver]
pedir um empréstimo	žádat o úvěr	[ʒa:dat o u:ver]
obter um empréstimo	brát na úvěr	[bra:t na u:ver]
conceder um empréstimo	poskytovat úvěr	[poskɪtovat u:ver]
garantia (f)	kauce (ž)	[kautsɛ]

79. Telefone. Conversação telefónica

telefone (m)	telefon (m)	[tɛlɛfon]
telemóvel (m)	mobilní telefon (m)	[mobɪlni: tɛlɛfon]
secretária (f) electrónica	záznamník (m)	[za:znamni:k]

fazer uma chamada	volat	[volat]
chamada (f)	hovor (m), volání (s)	[hovor], [vola:ni:]

marcar um número	vytočit číslo	[vɪtotʃɪt tʃi:slo]
Alô!	Prosím!	[prosi:m]
perguntar (vt)	zeptat se	[zɛptat sɛ]
responder (vt)	odpovědět	[otpovedet]

ouvir (vt)	slyšet	[slɪʃɛt]
bem	dobře	[dobrʒɛ]
mal	špatně	[ʃpatne]
ruído (m)	poruchy (ž mn)	[poruxɪ]

auscultador (m)	sluchátko (s)	[sluxa:tko]
pegar o telefone	vzít sluchátko	[vzi:t sluxa:tko]
desligar (vi)	zavěsit sluchátko	[zavesɪt sluxa:tko]

ocupado	obsazeno	[opsazɛno]
tocar (vi)	zvonit	[zvonɪt]
lista (f) telefónica	telefonní seznam (m)	[tɛlɛfonni: sɛznam]

local	místní	[mi:stni:]
de longa distância	dálkový	[da:lkovi:]
internacional	mezinárodní	[mɛzɪna:rodni:]

80. Telefone móvel

telemóvel (m)	mobilní telefon (m)	[mobɪlni: tɛlɛfon]
ecrã (m)	displej (m)	[dɪsplɛj]
botão (m)	tlačítko (s)	[tlatʃi:tko]
cartão SIM (m)	SIM karta (ž)	[sɪm karta]
bateria (f)	baterie (ž)	[batɛrɪe]

| descarregar-se | vybít se | [vɪbiːt sɛ] |
| carregador (m) | nabíječka (ž) | [nabiːjɛtʃka] |

menu (m)	nabídka (ž)	[nabiːtka]
definições (f pl)	nastavení (s)	[nastavɛniː]
melodia (f)	melodie (ž)	[mɛlodɪe]
escolher (vt)	vybrat	[vɪbrat]

calculadora (f)	kalkulačka (ž)	[kalkulatʃka]
correio (m) de voz	hlasová schránka (ž)	[hlasovaː sxraːŋka]
despertador (m)	budík (m)	[budiːk]
contatos (m pl)	telefonní seznam (m)	[tɛlɛfonniː sɛznam]

| mensagem (f) de texto | SMS zpráva (ž) | [ɛsɛmɛs spraːva] |
| assinante (m) | účastník (m) | [uːtʃastniːk] |

81. Estacionário

| caneta (f) | pero (s) | [pɛro] |
| caneta (f) tinteiro | plnicí pero (s) | [plnɪtsiː pɛro] |

lápis (m)	tužka (ž)	[tuʃka]
marcador (m)	značkovač (m)	[znatʃkovatʃ]
caneta (f) de feltro	fix (m)	[fɪks]

| bloco (m) de notas | notes (m) | [notɛs] |
| agenda (f) | diář (m) | [dɪaːrʃ] |

régua (f)	pravítko (s)	[praviːtko]
calculadora (f)	kalkulačka (ž)	[kalkulatʃka]
borracha (f)	guma (ž)	[guma]
pionés (m)	napínáček (m)	[napiːnaːtʃɛk]
clipe (m)	svorka (ž)	[svorka]

cola (f)	lepidlo (s)	[lɛpɪdlo]
agrafador (m)	sešívačka (ž)	[sɛʃiːvatʃka]
furador (m)	dírkovačka (ž)	[diːrkovatʃka]
afia-lápis (m)	ořezávátko (s)	[orʒɛzaːvaːtko]

82. Tipos de negócios

| serviços (m pl) de contabilidade | účetnické služby (ž mn) | [uːtʃɛtnɪtskɛː sluʒbɪ] |

publicidade (f)	reklama (ž)	[rɛklama]
agência (f) de publicidade	reklamní agentura (ž)	[rɛklamniː agɛntura]
ar (m) condicionado	klimatizátory (m mn)	[klɪmatɪzaːtorɪ]
companhia (f) aérea	letecká společnost (ž)	[lɛtɛtskaː spolɛtʃnost]

bebidas (f pl) alcoólicas	alkoholické nápoje (m mn)	[alkoholɪtskɛː naːpojɛ]
comércio (m) de antiguidades	starožitnictví (s)	[staroʒɪtnɪtstviː]
galeria (f) de arte	galerie (ž)	[galɛrɪe]
serviços (m pl) de auditoria	auditorské služby (ž mn)	[audɪtorskɛː sluʒbɪ]

negócios (m pl) bancários	bankovnictví (s)	[baŋkovnɪtstvi:]
bar (m)	bar (m)	[bar]
salão (m) de beleza	kosmetický salón (m)	[kosmɛtɪtski: salo:n]
livraria (f)	knihkupectví (s)	[knɪxkupɛtstvi:]
cervejaria (f)	pivovar (m)	[pɪvovar]
centro (m) de escritórios	obchodní centrum (s)	[obxodni: tsɛntrum]
escola (f) de negócios	obchodní škola (ž)	[obxodni: ʃkola]
casino (m)	kasino (s)	[kasi:no]
construção (f)	stavebnictví (s)	[stavɛbnɪtstvi:]
serviços (m pl) de consultoria	poradenství (s)	[poradɛnstvi:]
estomatologia (f)	stomatologie (ž)	[stomatologɪe]
design (m)	design (m)	[dɪzajn]
farmácia (f)	lékárna (ž)	[lɛ:ka:rna]
lavandaria (f)	čistírna (ž)	[tʃɪsti:rna]
agência (f) de emprego	kádrová kancelář (ž)	[ka:drova: kantsɛla:rʃ]
serviços (m pl) financeiros	finanční služby (ž mn)	[fɪnantʃni: sluʒbɪ]
alimentos (m pl)	potraviny (ž mn)	[potravɪnɪ]
agência (f) funerária	pohřební ústav (m)	[pohrʒɛbni: u:staf]
mobiliário (m)	nábytek (m)	[na:bɪtɛk]
roupa (f)	oblečení (s)	[oblɛtʃɛni:]
hotel (m)	hotel (m)	[hotɛl]
gelado (m)	zmrzlina (ž)	[zmrzlɪna]
indústria (f)	průmysl (m)	[pru:mɪsl]
seguro (m)	pojištění (s)	[pojɪʃteni:]
internet (f)	internet (m)	[ɪntɛrnɛt]
investimento (m)	investice (ž mn)	[ɪnvɛstɪtsɛ]
joalheiro (m)	klenotník (m)	[klɛnotni:k]
joias (f pl)	klenotnické výrobky (m mn)	[klɛnotnɪtskɛ: vi:ropkɪ]
lavandaria (f)	prádelna (ž)	[pra:dɛlna]
serviços (m pl) jurídicos	právnické služby (ž mn)	[pra:vnɪtskɛ: sluʒbɪ]
indústria (f) ligeira	lehký průmysl (m)	[lɛhki: pru:mɪsl]
revista (f)	časopis (m)	[tʃasopɪs]
vendas (f pl) por catálogo	prodej (m) podle katalogu	[prodɛj podlɛ katalogu]
medicina (f)	lékařství (s)	[lɛ:karʃstvi:]
cinema (m)	biograf (m)	[bɪograf]
museu (m)	muzeum (s)	[muzɛum]
agência (f) de notícias	zpravodajská agentura (ž)	[spravodajska: agɛntura]
jornal (m)	noviny (ž mn)	[novɪnɪ]
clube (m) noturno	noční klub (m)	[notʃni: klup]
petróleo (m)	ropa (ž)	[ropa]
serviço (m) de encomendas	kurýrská služba (ž)	[kuri:rska: sluʒba]
indústria (f) farmacêutica	farmacie (ž)	[farmatsɪe]
poligrafia (f)	polygrafie (ž)	[polɪgrafɪe]
editora (f)	nakladatelství (s)	[nakladatɛlstvi:]
rádio (m)	rozhlas (m)	[rozhlas]
imobiliário (m)	nemovitost (ž)	[nɛmovɪtost]
restaurante (m)	restaurace (ž)	[rɛstauratsɛ]

empresa (f) de segurança	bezpečnostní agentura (ž)	[bɛzpɛtʃnostni: agɛntura]
desporto (m)	sport (m)	[sport]
bolsa (f)	burza (ž)	[burza]
loja (f)	obchod (m)	[obxot]
supermercado (m)	supermarket (m)	[supɛrmarket]
piscina (f)	bazén (m)	[bazɛ:n]
alfaiataria (f)	módní salón (m)	[mo:dni: salo:n]
televisão (f)	televize (ž)	[tɛlɛvɪzɛ]
teatro (m)	divadlo (s)	[dɪvadlo]
comércio (atividade)	obchod (m)	[obxot]
serviços (m pl) de transporte	přeprava (ž)	[prʃɛprava]
viagens (f pl)	cestovní ruch (m)	[tsɛstovni: rux]
veterinário (m)	zvěrolékař (m)	[zverolɛ:karʃ]
armazém (m)	sklad (m)	[sklat]
recolha (f) do lixo	vyvážení (s) odpadků	[vɪva:ʒeni: otpatku:]

Emprego. Negócios. Parte 2

83. Espetáculo. Feira

feira (f)	výstava (ž)	[vi:stava]
feira (f) comercial	obchodní výstava (ž)	[obxodni: vi:stava]
participação (f)	účast (ž)	[u:tʃast]
participar (vi)	zúčastnit se	[zu:tʃastnɪt sɛ]
participante (m)	účastník (m)	[u:tʃastni:k]
diretor (m)	ředitel (m)	[rʒɛdɪtɛl]
direção (f)	organizační výbor (m)	[organɪzatʃni: vi:bor]
organizador (m)	organizátor (m)	[organɪza:tor]
organizar (vt)	organizovat	[organɪzovat]
ficha (f) de inscrição	přihláška (ž) k účasti	[prʃɪhla:ʃka k u:tʃastɪ]
preencher (vt)	vyplnit	[vɪplnɪt]
detalhes (m pl)	podrobnosti (ž mn)	[podrobnostɪ]
informação (f)	informace (ž)	[ɪnformatsɛ]
preço (m)	cena (ž)	[tsɛna]
incluindo	včetně	[vtʃɛtne]
incluir (vt)	zahrnovat	[zahrnovat]
pagar (vt)	platit	[platɪt]
taxa (f) de inscrição	registrační poplatek (m)	[rɛgɪstratʃni: poplatɛk]
entrada (f)	vchod (m)	[vxot]
pavilhão (m)	pavilón (m)	[pavɪlo:n]
inscrever (vt)	registrovat	[rɛgɪstrovat]
crachá (m)	jmenovka (ž)	[jmɛnofka]
stand (m)	stánek (m)	[sta:nɛk]
reservar (vt)	rezervovat	[rɛzɛrvovat]
vitrina (f)	vitrina (ž)	[vɪtrɪna]
foco, spot (m)	svítidlo (s)	[svi:tɪdlo]
design (m)	design (m)	[dɪzajn]
pôr, colocar (vt)	rozmisťovat	[rozmɪsťovat]
distribuidor (m)	distributor (m)	[dɪstrɪbutor]
fornecedor (m)	dodavatel (m)	[dodavatɛl]
país (m)	země (ž)	[zɛmnɛ]
estrangeiro	zahraniční	[zahranɪtʃni:]
produto (m)	produkt (m)	[produkt]
associação (f)	asociace (ž)	[asotsɪatsɛ]
sala (f) de conferências	konferenční sál (m)	[kɔnfɛrɛntʃni: sa:l]
congresso (m)	kongres (m)	[kongrɛs]

concurso (m) soutěž (ž) [souteʃ]
visitante (m) návštěvník (m) [naːvʃtevniːk]
visitar (vt) navštěvovat [navʃtevovat]
cliente (m) zákazník (m) [zaːkazniːk]

84. Ciência. Investigação. Cientistas

ciência (f) věda (ž) [veda]
científico vědecký [vedɛtski:]
cientista (m) vědec (m) [vedɛts]
teoria (f) teorie (ž) [tɛorɪe]

axioma (m) axiom (m) [aksɪoːm]
análise (f) analýza (ž) [analiːza]
analisar (vt) analyzovat [analɪzovat]
argumento (m) argument (m) [argumɛnt]
substância (f) látka (ž) [laːtka]

hipótese (f) hypotéza (ž) [hɪpotɛːza]
dilema (m) dilema (s) [dɪlɛma]
tese (f) disertace (ž) [dɪsɛrtatsɛ]
dogma (m) dogma (s) [dogma]

doutrina (f) doktrína (ž) [doktriːna]
pesquisa (f) výzkum (m) [viːskum]
pesquisar (vt) zkoumat [skoumat]
teste (m) kontrola (ž) [kontrola]
laboratório (m) laboratoř (ž) [laboratorʃ]

método (m) metoda (ž) [mɛtoda]
molécula (f) molekula (ž) [molɛkula]
monitoramento (m) monitorování (s) [monɪtorovaːniː]
descoberta (f) objev (m) [objɛf]

postulado (m) postulát (m) [postulaːt]
princípio (m) princip (m) [prɪntsɪp]
prognóstico (previsão) prognóza (ž) [prognoːza]
prognosticar (vt) předpovídat [prʒɛtpoviːdat]

síntese (f) syntéza (ž) [sintɛːza]
tendência (f) tendence (ž) [tɛndɛntsɛ]
teorema (m) teorém (s) [tɛorɛːm]

ensinamentos (m pl) nauka (ž) [nauka]
facto (m) fakt (m) [fakt]
expedição (f) výprava (ž) [viːprava]
experiência (f) experiment (m) [ɛkspɛrɪmɛnt]

académico (m) akademik (m) [akadɛmɪk]
bacharel (m) bakalář (m) [bakalaːrʃ]
doutor (m) doktor (m) [doktor]
docente (m) docent (m) [dotsɛnt]
mestre (m) magistr (m) [magɪstr]
professor (m) catedrático profesor (m) [profɛsor]

Profissões e ocupações

85. Procura de emprego. Demissão

trabalho (m)	práce (ž)	[praːtsɛ]
pessoal (m)	personál (m)	[pɛrsonaːl]
carreira (f)	kariéra (ž)	[karɪeːra]
perspetivas (f pl)	vyhlídky (ž mn)	[vɪhliːtkɪ]
mestria (f)	dovednost (ž)	[dovɛdnost]
seleção (f)	výběr (m)	[viːber]
agência (f) de emprego	kádrová kancelář (ž)	[kaːdrovaː kantsɛlaːrʃ]
CV, currículo (m)	resumé (s)	[rɛzimɛː]
entrevista (f) de emprego	pohovor (m)	[pohovor]
vaga (f)	neobsazené místo (s)	[nɛopsazɛnɛ miːsto]
salário (m)	plat (m), mzda (ž)	[plat], [mzda]
salário (m) fixo	stálý plat (m)	[staːliː plat]
pagamento (m)	platba (ž)	[platba]
posto (m)	funkce (ž)	[fuŋktsɛ]
dever (do empregado)	povinnost (ž)	[povɪnnost]
gama (f) de deveres	okruh (m)	[okrux]
ocupado	zaměstnaný	[zamnestnaniː]
despedir, demitir (vt)	propustit	[propustɪt]
demissão (f)	propuštění (s)	[propuʃteniː]
desemprego (m)	nezaměstnanost (ž)	[nɛzamnestnanost]
desempregado (m)	nezaměstnaný (m)	[nɛzamnestnaniː]
reforma (f)	důchod (m)	[duːxot]
reformar-se	odejít do důchodu	[odɛjiːt do duːxodu]

86. Gente de negócios

diretor (m)	ředitel (m)	[rʒɛdɪtɛl]
gerente (m)	správce (m)	[spraːvtsɛ]
patrão, chefe (m)	šéf (m)	[ʃɛːf]
superior (m)	vedoucí (m)	[vɛdoutsiː]
superiores (m pl)	vedení (s)	[vɛdɛniː]
presidente (m)	prezident (m)	[prɛzɪdɛnt]
presidente (m) de direção	předseda (m)	[prʃɛtsɛda]
substituto (m)	náměstek (m)	[naːmnestɛk]
assistente (m)	pomocník (m)	[pomotsniːk]
secretário (m)	sekretář (m)	[sɛkrɛtaːrʃ]

secretário (m) pessoal | osobní sekretář (m) | [osobni: sɛkrɛta:rʃ]
homem (m) de negócios | byznysmen (m) | [bɪznɪsmen]
empresário (m) | podnikatel (m) | [podnɪkatɛl]
fundador (m) | zakladatel (m) | [zakladatɛl]
fundar (vt) | založit | [zaloʒɪt]

fundador, sócio (m) | zakladatel (m) | [zakladatɛl]
parceiro, sócio (m) | partner (m) | [partnɛr]
acionista (m) | akcionář (m) | [aktsɪona:rʃ]

milionário (m) | milionář (m) | [mɪlɪona:rʃ]
bilionário (m) | miliardář (m) | [mɪlɪarda:rʃ]
proprietário (m) | majitel (m) | [majɪtɛl]
proprietário (m) de terras | vlastník (m) půdy | [vlastni:k pu:dɪ]

cliente (m) | klient (m) | [klɪent]
cliente (m) habitual | stálý zákazník (m) | [sta:li: za:kazni:k]
comprador (m) | zákazník (m) | [za:kazni:k]
visitante (m) | návštěvník (m) | [na:vʃtevni:k]

profissional (m) | profesionál (m) | [profɛsɪona:l]
perito (m) | znalec (m) | [znalɛts]
especialista (m) | odborník (m) | [odborni:k]

banqueiro (m) | bankéř (m) | [baŋkɛ:rʃ]
corretor (m) | broker (m) | [brokɛr]

caixa (m, f) | pokladník (m) | [pokladni:k]
contabilista (m) | účetní (m, ž) | [u:tʃetni:]
guarda (m) | strážce (m) | [stra:ʒtsɛ]

investidor (m) | investor (m) | [ɪnvɛstor]
devedor (m) | dlužník (m) | [dluʒni:k]
credor (m) | věřitel (m) | [verʒɪtɛl]
mutuário (m) | vypůjčovatel (m) | [vɪpu:jtʃovatɛl]

importador (m) | dovozce (m) | [dovoztsɛ]
exportador (m) | vývozce (m) | [vi:voztsɛ]

produtor (m) | výrobce (m) | [vi:robtsɛ]
distribuidor (m) | distributor (m) | [dɪstrɪbutor]
intermediário (m) | zprostředkovatel (m) | [sprostrʃetkovatɛl]

consultor (m) | konzultant (m) | [konzultant]
representante (m) | zástupce (m) | [za:stuptsɛ]
agente (m) | agent (m) | [agɛnt]
agente (m) de seguros | pojišťovací agent (m) | [pojɪʃťovatsi: agɛnt]

87. Profissões de serviços

cozinheiro (m) | kuchař (m) | [kuxarʃ]
cozinheiro chefe (m) | šéfkuchař (m) | [ʃɛ:f kuxarʃ]
padeiro (m) | pekař (m) | [pɛkarʃ]
barman (m) | barman (m) | [barman]

empregado (m) de mesa | číšník (m) | [tʃiːʃniːk]
empregada (f) de mesa | číšnice (ž) | [tʃiːʃnɪtsɛ]

advogado (m) | advokát (m) | [advokaːt]
jurista (m) | právník (m) | [praːvniːk]
notário (m) | notář (m) | [notaːrʃ]

eletricista (m) | elektromontér (m) | [ɛlɛktromontɛːr]
canalizador (m) | instalatér (m) | [ɪnstalatɛːr]
carpinteiro (m) | tesař (m) | [tɛsarʃ]

massagista (m) | masér (m) | [masɛːr]
massagista (f) | masérka (ž) | [masɛːrka]
médico (m) | lékař (m) | [lɛːkarʃ]

taxista (m) | taxikář (m) | [taksɪkaːrʃ]
condutor (automobilista) | řidič (m) | [rʒɪdɪtʃ]
entregador (m) | kurýr (m) | [kuriːr]

camareira (f) | pokojská (ž) | [pokojskaː]
guarda (m) | strážce (m) | [straːʒtsɛ]
hospedeira (f) de bordo | letuška (ž) | [lɛtuʃka]

professor (m) | učitel (m) | [utʃɪtɛl]
bibliotecário (m) | knihovník (m) | [knɪhovniːk]
tradutor (m) | překladatel (m) | [prʃɛkladatɛl]
intérprete (m) | tlumočník (m) | [tlumotʃniːk]
guia (pessoa) | průvodce (m) | [pruːvodtsɛ]

cabeleireiro (m) | holič (m), kadeřník (m) | [holɪtʃ], [kadɛrʒniːk]
carteiro (m) | listonoš (m) | [lɪstonoʃ]
vendedor (m) | prodavač (m) | [prodavatʃ]

jardineiro (m) | zahradník (m) | [zahradniːk]
criado (m) | sluha (m) | [sluha]
criada (f) | služka (ž) | [sluʃka]
empregada (f) de limpeza | uklízečka (ž) | [ukliːzɛtʃka]

88. Profissões militares e postos

soldado (m) raso | vojín (m) | [vojiːn]
sargento (m) | seržant (m) | [sɛrʒant]
tenente (m) | poručík (m) | [porutʃiːk]
capitão (m) | kapitán (m) | [kapɪtaːn]

major (m) | major (m) | [major]
coronel (m) | plukovník (m) | [plukovniːk]
general (m) | generál (m) | [gɛnɛraːl]
marechal (m) | maršál (m) | [marʃaːl]
almirante (m) | admirál (m) | [admɪraːl]

militar (m) | voják (m) | [vojaːk]
soldado (m) | voják (m) | [vojaːk]
oficial (m) | důstojník (m) | [duːstojniːk]

comandante (m)	velitel (m)	[vɛlɪtɛl]
guarda (m) fronteiriço	pohraničník (m)	[pohranɪtʃniːk]
operador (m) de rádio	radista (m)	[radɪsta]
explorador (m)	rozvědčík (m)	[rozvedtʃiːk]
sapador (m)	ženista (m)	[ʒenɪsta]
atirador (m)	střelec (m)	[strʃɛlɛts]
navegador (m)	navigátor (m)	[navɪgaːtor]

89. Oficiais. Padres

| rei (m) | král (m) | [kraːl] |
| rainha (f) | královna (ž)| [kraːlovna]|

| príncipe (m) | princ (m) | [prɪnts] |
| princesa (f) | princezna (ž) | [prɪntsɛzna] |

| czar (m) | car (m) | [tsar] |
| czarina (f) | carevna (ž) | [tsarɛvna] |

presidente (m)	prezident (m)	[prɛzɪdɛnt]
ministro (m)	ministr (m)	[mɪnɪstr]
primeiro-ministro (m)	premiér (m)	[prɛmjeːr]
senador (m)	senátor (m)	[sɛnaːtor]

diplomata (m)	diplomat (m)	[dɪplomat]
cônsul (m)	konzul (m)	[konzul]
embaixador (m)	velvyslanec (m)	[vɛlvɪslanɛts]
conselheiro (m)	rada (m)	[rada]

funcionário (m)	úředník (m)	[uːrʒɛdniːk]
prefeito (m)	prefekt (m)	[prɛfɛkt]
Presidente (m) da Câmara	primátor (m)	[prɪmaːtor]

| juiz (m) | soudce (m) | [soudtsɛ] |
| procurador (m) | prokurátor (m)| [prokuraːtor]|

missionário (m)	misionář (m)	[mɪsɪonaːrʃ]
monge (m)	mnich (m)	[mnɪx]
abade (m)	opat (m)	[opat]
rabino (m)	rabín (m)	[rabiːn]

vizir (m)	vezír (m)	[vɛziːr]
xá (m)	šach (m)	[ʃax]
xeque (m)	šejk (m)	[ʃɛjk]

90. Profissões agrícolas

apicultor (m)	včelař (m)	[vtʃɛlarʃ]
pastor (m)	pasák (m)	[pasaːk]
agrónomo (m)	agronom (m)	[agronom]
criador (m) de gado	chovatel (m)	[xovatɛl]
veterinário (m)	zvěrolékař (m)	[zverolɛːkarʃ]

agricultor (m)	farmář (m)	[farmaːrʃ]
vinicultor (m)	vinař (m)	[vɪnarʃ]
zoólogo (m)	zoolog (m)	[zoolog]
cowboy (m)	kovboj (m)	[kovboj]

91. Profissões artísticas

ator (m)	herec (m)	[hɛrɛts]
atriz (f)	herečka (ž)	[hɛrɛtʃka]
cantor (m)	zpěvák (m)	[spevaːk]
cantora (f)	zpěvačka (ž)	[spevatʃka]
bailarino (m)	tanečník (m)	[tanɛtʃniːk]
bailarina (f)	tanečnice (ž)	[tanɛtʃnɪtsɛ]
artista (m)	herec (m)	[hɛrɛts]
artista (f)	herečka (ž)	[hɛrɛtʃka]
músico (m)	hudebník (m)	[hudɛbniːk]
pianista (m)	klavírista (m)	[klaviːrɪsta]
guitarrista (m)	kytarista (m)	[kɪtarɪsta]
maestro (m)	dirigent (m)	[dɪrɪgɛnt]
compositor (m)	skladatel (m)	[skladatɛl]
empresário (m)	impresário (m)	[ɪmprɛsaːrɪo]
realizador (m)	režisér (m)	[rɛʒɪsɛːr]
produtor (m)	filmový producent (m)	[fɪlmoviː produtsɛnt]
argumentista (m)	scenárista (m)	[stsɛnaːrɪsta]
crítico (m)	kritik (m)	[krɪtɪk]
escritor (m)	spisovatel (m)	[spɪsovatɛl]
poeta (m)	básník (m)	[baːsniːk]
escultor (m)	sochař (m)	[soxarʃ]
pintor (m)	malíř (m)	[maliːrʃ]
malabarista (m)	žonglér (m)	[ʒonglɛːr]
palhaço (m)	klaun (m)	[klaun]
acrobata (m)	akrobat (m)	[akrobat]
mágico (m)	kouzelník (m)	[kouzɛlniːk]

92. Várias profissões

médico (m)	lékař (m)	[lɛːkarʃ]
enfermeira (f)	zdravotní sestra (ž)	[zdravotniː sɛstra]
psiquiatra (m)	psychiatr (m)	[psɪxɪatr]
estomatologista (m)	stomatolog (m)	[stomatolog]
cirurgião (m)	chirurg (m)	[xɪrurg]
astronauta (m)	astronaut (m)	[astronaut]
astrónomo (m)	astronom (m)	[astronom]

T&P Books. Vocabulário Português-Checo - 5000 palavras

motorista (m)	řidič (m)	[rʒɪdɪtʃ]
maquinista (m)	strojvůdce (m)	[strojvu:dtsɛ]
mecânico (m)	mechanik (m)	[mɛxanɪk]
mineiro (m)	horník (m)	[horni:k]
operário (m)	dělník (m)	[delni:k]
serralheiro (m)	zámečník (m)	[za:mɛtʃni:k]
marceneiro (m)	truhlář (m)	[truhla:rʃ]
torneiro (m)	soustružník (m)	[soustruʒni:k]
construtor (m)	stavitel (m)	[stavɪtɛl]
soldador (m)	svářeč (m)	[sva:rʒɛtʃ]
professor (m) catedrático	profesor (m)	[profɛsor]
arquiteto (m)	architekt (m)	[arxɪtɛkt]
historiador (m)	historik (m)	[hɪstorɪk]
cientista (m)	vědec (m)	[vedɛts]
físico (m)	fyzik (m)	[fɪzɪk]
químico (m)	chemik (m)	[xɛmɪk]
arqueólogo (m)	archeolog (m)	[arxɛolog]
geólogo (m)	geolog (m)	[gɛolog]
pesquisador (cientista)	výzkumník (m)	[vi:skumni:k]
babysitter (f)	chůva (ž)	[xu:va]
professor (m)	pedagog (m)	[pɛdagog]
redator (m)	redaktor (m)	[rɛdaktor]
redator-chefe (m)	šéfredaktor (m)	[ʃɛ:frɛdaktor]
correspondente (m)	zpravodaj (m)	[spravodaj]
datilógrafa (f)	písařka (ž)	[pi:sarʃka]
designer (m)	návrhář (m)	[na:vrha:rʃ]
especialista (m) em informática	odborník (m) na počítače	[odborni:k na potʃi:tatʃɛ]
programador (m)	programátor (m)	[programa:tor]
engenheiro (m)	inženýr (m)	[ɪnʒeni:r]
marujo (m)	námořník (m)	[na:morʒni:k]
marinheiro (m)	námořník (m)	[na:morʒni:k]
salvador (m)	záchranář (m)	[za:xrana:rʃ]
bombeiro (m)	hasič (m)	[hasɪtʃ]
polícia (m)	policista (m)	[polɪtsɪsta]
guarda-noturno (m)	hlídač (m)	[hli:datʃ]
detetive (m)	detektiv (m)	[dɛtɛktɪf]
funcionário (m) da alfândega	celník (m)	[tsɛlni:k]
guarda-costas (m)	osobní strážce (m)	[osobni: stra:ʒtsɛ]
guarda (m) prisional	dozorce (m)	[dozortsɛ]
inspetor (m)	inspektor (m)	[ɪnspɛktor]
desportista (m)	sportovec (m)	[sportovɛts]
treinador (m)	trenér (m)	[trɛnɛ:r]
talhante (m)	řezník (m)	[rʒɛzni:k]
sapateiro (m)	obuvník (m)	[obuvni:k]
comerciante (m)	obchodník (m)	[obxodni:k]

carregador (m)	nakládač (m)	[nakla:datʃ]
estilista (m)	modelář (m)	[modɛla:rʃ]
modelo (f)	modelka (ž)	[modɛlka]

93. Ocupações. Estatuto social

aluno, escolar (m)	žák (m)	[ʒa:k]
estudante (~ universitária)	student (m)	[studɛnt]
filósofo (m)	filozof (m)	[fɪlozof]
economista (m)	ekonom (m)	[ɛkonom]
inventor (m)	vynálezce (m)	[vɪna:lɛztsɛ]
desempregado (m)	nezaměstnaný (m)	[nɛzamnestnani:]
reformado (m)	důchodce (m)	[du:xodtsɛ]
espião (m)	špión (m)	[ʃpɪo:n]
preso (m)	vězeň (m)	[vezɛnʲ]
grevista (m)	stávkující (m)	[sta:fkuji:tsi:]
burocrata (m)	byrokrat (m)	[bɪrokrat]
viajante (m)	cestovatel (m)	[tsɛstovatɛl]
homossexual (m)	homosexuál (m)	[homosɛksua:l]
hacker (m)	hacker (m)	[hɛkr]
bandido (m)	bandita (m)	[bandɪta]
assassino (m) a soldo	najatý vrah (m)	[najati: vrax]
toxicodependente (m)	narkoman (m)	[narkoman]
traficante (m)	drogový dealer (m)	[drogovi: di:lɛr]
prostituta (f)	prostitutka (ž)	[prostɪtutka]
chulo (m)	kuplíř (m)	[kupli:rʃ]
bruxo (m)	čaroděj (m)	[tʃarodej]
bruxa (f)	čarodějka (ž)	[tʃarodejka]
pirata (m)	pirát (m)	[pɪra:t]
escravo (m)	otrok (m)	[otrok]
samurai (m)	samuraj (m)	[samuraj]
selvagem (m)	divoch (m)	[dɪvox]

Educação

94. Escola

| escola (f) | škola (ž) | [ʃkola] |
| diretor (m) de escola | ředitel (m) školy | [rʒɛdɪtɛl ʃkolɪ] |

aluno (m)	žák (m)	[ʒa:k]
aluna (f)	žákyně (ž)	[ʒa:kɪnɛ]
escolar (m)	žák (m)	[ʒa:k]
escolar (f)	žákyně (ž)	[ʒa:kɪnɛ]

ensinar (vt)	učit	[utʃɪt]
aprender (vt)	učit se	[utʃɪt sɛ]
aprender de cor	učit se nazpaměť	[utʃɪt sɛ naspamnetʲ]

estudar (vi)	učit se	[utʃɪt sɛ]
andar na escola	chodí za školu	[xodi: za ʃkolu]
ir à escola	jít do školy	[ji:t do ʃkolɪ]

| alfabeto (m) | abeceda (ž) | [abɛtsɛda] |
| disciplina (f) | předmět (m) | [prʃɛdmnet] |

sala (f) de aula	třída (ž)	[trʃi:da]
lição (f)	hodina (ž)	[hodɪna]
recreio (m)	přestávka (ž)	[prʃɛsta:fka]

toque (m)	zvonění (s)	[zvoneni:]
carteira (f)	školní lavice (ž)	[ʃkolni: lavɪtsɛ]
quadro (m) negro	tabule (ž)	[tabulɛ]

nota (f)	známka (ž)	[zna:mka]
boa nota (f)	dobrá známka (ž)	[dobra: zna:mka]
nota (f) baixa	špatná známka (ž)	[ʃpatna: zna:mka]
dar uma nota	dávat známku	[da:vat zna:mku]

erro (m)	chyba (ž)	[xɪba]
fazer erros	dělat chyby	[delat xɪbɪ]
corrigir (vt)	opravovat	[opravovat]
cábula (f)	tahák (m)	[taha:k]

| dever (m) de casa | domácí úloha (ž) | [doma:tsi: u:loha] |
| exercício (m) | cvičení (s) | [tsvɪtʃɛni:] |

| estar presente | být přítomen | [bi:t prʃi:tomɛn] |
| estar ausente | chybět | [xɪbet] |

punir (vt)	trestat	[trɛstat]
punição (f)	trest (m)	[trɛst]
comportamento (m)	chování (s)	[xova:ni:]

boletim (m) escolar	žákovská knížka (ž)	[ʒaːkovska: kniːʃka]
lápis (m)	tužka (ž)	[tuʃka]
borracha (f)	guma (ž)	[guma]
giz (m)	křída (ž)	[krʃiːda]
estojo (m)	penál (m)	[pɛnaːl]

pasta (f) escolar	brašna (ž)	[braʃna]
caneta (f)	pero (s)	[pɛro]
caderno (m)	sešit (m)	[sɛʃɪt]
manual (m) escolar	učebnice (ž)	[utʃɛbnɪtsɛ]
compasso (m)	kružidlo (s)	[kruʒɪdlo]

traçar (vt)	rýsovat	[riːsovat]
desenho (m) técnico	výkres (m)	[viːkrɛs]

poesia (f)	báseň (ž)	[baːsɛnʲ]
de cor	nazpaměť	[naspamnetʲ]
aprender de cor	učit se nazpaměť	[utʃɪt sɛ naspamnetʲ]

férias (f pl)	prázdniny (ž mn)	[praːzdnɪnɪ]
estar de férias	mít prázdniny	[miːt praːzdnɪnɪ]

teste (m)	písemka (ž)	[piːsɛmka]
composição, redação (f)	sloh (m)	[slox]
ditado (m)	diktát (m)	[dɪktaːt]

exame (m)	zkouška (ž)	[skouʃka]
fazer exame	dělat zkoušky	[delat skouʃkɪ]
experiência (~ química)	pokus (m)	[pokus]

95. Colégio. Universidade

academia (f)	akademie (ž)	[akadɛmɪe]
universidade (f)	univerzita (ž)	[unɪvɛrzɪta]
faculdade (f)	fakulta (ž)	[fakulta]

estudante (m)	student (m)	[studɛnt]
estudante (f)	studentka (ž)	[studɛntka]
professor (m)	vyučující (m)	[vɪutʃujiːtsiː]

sala (f) de palestras	posluchárna (ž)	[posluxaːrna]
graduado (m)	absolvent (m)	[apsolvɛnt]

diploma (m)	diplom (m)	[dɪplom]
tese (f)	disertace (ž)	[dɪsɛrtatsɛ]

estudo (obra)	bádání (s)	[baːdaːniː]
laboratório (m)	laboratoř (ž)	[laboratorʃ]

palestra (f)	přednáška (ž)	[prʃɛdnaːʃka]
colega (m) de curso	spolužák (m)	[spoluʒaːk]

bolsa (f) de estudos	stipendium (s)	[stɪpɛndɪum]
grau (m) académico	akademická hodnost (ž)	[akadɛmɪtska: hodnost]

96. Ciências. Disciplinas

matemática (f)	matematika (ž)	[matɛmatɪka]
álgebra (f)	algebra (ž)	[algɛbra]
geometria (f)	geometrie (ž)	[gɛomɛtrɪe]

astronomia (f)	astronomie (ž)	[astronomɪe]
biologia (f)	biologie (ž)	[bɪologɪe]
geografia (f)	zeměpis (m)	[zɛmnepɪs]
geologia (f)	geologie (ž)	[gɛologɪe]
história (f)	historie (ž)	[hɪstorɪe]

medicina (f)	lékařství (s)	[lɛ:karʃstvi:]
pedagogia (f)	pedagogika (ž)	[pɛdagogɪka]
direito (m)	právo (s)	[pra:vo]

física (f)	fyzika (ž)	[fɪzɪka]
química (f)	chemie (ž)	[xɛmɪe]
filosofia (f)	filozofie (ž)	[fɪlozofɪe]
psicologia (f)	psychologie (ž)	[psɪxologɪe]

97. Sistema de escrita. Ortografia

gramática (f)	mluvnice (ž)	[mluvnɪtsɛ]
vocabulário (m)	slovní zásoba (ž)	[slovni: za:soba]
fonética (f)	hláskosloví (s)	[hla:skoslovi:]

substantivo (m)	podstatné jméno (s)	[potsta:tnɛ: jmɛ:no]
adjetivo (m)	přídavné jméno (s)	[prʃi:davnɛ: jmɛ:no]
verbo (m)	sloveso (s)	[slovɛso]
advérbio (m)	příslovce (s)	[prʃi:slovtsɛ]

pronome (m)	zájmeno (s)	[za:jmɛno]
interjeição (f)	citoslovce (s)	[tsɪtoslovtsɛ]
preposição (f)	předložka (ž)	[prʃɛdloʃka]

raiz (f) da palavra	slovní základ (m)	[slovni: za:klat]
terminação (f)	koncovka (ž)	[kontsofka]
prefixo (m)	předpona (ž)	[prʃɛtpona]
sílaba (f)	slabika (ž)	[slabɪka]
sufixo (m)	přípona (ž)	[prʃi:pona]

acento (m)	přízvuk (m)	[prʃi:zvuk]
apóstrofo (m)	odsuvník (m)	[otsuvni:k]

ponto (m)	tečka (ž)	[tɛtʃka]
vírgula (f)	čárka (ž)	[tʃa:rka]
ponto e vírgula (m)	středník (m)	[strʃɛdni:k]
dois pontos (m pl)	dvojtečka (ž)	[dvojtɛtʃka]
reticências (f pl)	tři tečky (ž mn)	[trʃɪ tɛtʃkɪ]

ponto (m) de interrogação	otazník (m)	[otazni:k]
ponto (m) de exclamação	vykřičník (m)	[vɪkrʃɪtʃni:k]

aspas (f pl)	uvozovky (ž mn)	[uvozofkɪ]
entre aspas	v uvozovkách	[f uvozofkaːx]
parênteses (m pl)	závorky (ž mn)	[zaːvorkɪ]
entre parênteses	v závorkách	[v zaːvorkax]
hífen (m)	spojovník (m)	[spojovniːk]
travessão (m)	pomlčka (ž)	[pomlt͡ʃka]
espaço (m)	mezera (ž)	[mɛzɛra]
letra (f)	písmeno (s)	[piːsmɛno]
letra (f) maiúscula	velké písmeno (s)	[vɛlkɛː piːsmɛno]
vogal (f)	samohláska (ž)	[samohlaːska]
consoante (f)	souhláska (ž)	[souhlaːska]
frase (f)	věta (ž)	[veta]
sujeito (m)	podmět (m)	[podmnet]
predicado (m)	přísudek (m)	[pr̝iːsudɛk]
linha (f)	řádek (m)	[rʒaːdɛk]
em uma nova linha	z nového řádku	[z novɛːho rʒaːtku]
parágrafo (m)	odstavec (m)	[otstavɛt͡s]
palavra (f)	slovo (s)	[slovo]
grupo (m) de palavras	slovní spojení (s)	[slovni: spojɛniː]
expressão (f)	výraz (m)	[viːraz]
sinónimo (m)	synonymum (s)	[sɪnonɪmum]
antónimo (m)	antonymum (s)	[antonɪmum]
regra (f)	pravidlo (s)	[pravɪdlo]
exceção (f)	výjimka (ž)	[viːjɪmka]
correto	správný	[spraːvniː]
conjugação (f)	časování (s)	[t͡ʃasovaːniː]
declinação (f)	skloňování (s)	[sklonʲovaːniː]
caso (m)	pád (m)	[paːt]
pergunta (f)	otázka (ž)	[otaːska]
sublinhar (vt)	podtrhnout	[podtrhnout]
linha (f) pontilhada	tečkování (s)	[tɛt͡ʃkovaːniː]

98. Línguas estrangeiras

língua (f)	jazyk (m)	[jazɪk]
língua (f) estrangeira	cizí jazyk (m)	[t͡sɪzi: jazɪk]
estudar (vt)	studovat	[studovat]
aprender (vt)	učit se	[ut͡ʃɪt sɛ]
ler (vt)	číst	[t͡ʃiːst]
falar (vi)	mluvit	[mluvɪt]
compreender (vt)	rozumět	[rozumnet]
escrever (vt)	psát	[psaːt]
rapidamente	rychle	[rɪxlɛ]
devagar	pomalu	[pomalu]

Portuguese	Czech	Pronunciation
fluentemente	plynně	[plɪnnɛ]
regras (f pl)	pravidla (s mn)	[pravɪdla]
gramática (f)	mluvnice (ž)	[mluvnɪtsɛ]
vocabulário (m)	slovní zásoba (ž)	[slovniː zaːsoba]
fonética (f)	hláskosloví (s)	[hlaːskoslovi:]
manual (m) escolar	učebnice (ž)	[utʃɛbnɪtsɛ]
dicionário (m)	slovník (m)	[slovniːk]
manual (m) de autoaprendizagem	učebnice (ž) pro samouky	[utʃɛbnɪtsɛ pro samoukɪ]
guia (m) de conversação	konverzace (ž)	[konvɛrzatsɛ]
cassete (f)	kazeta (ž)	[kazɛta]
vídeo cassete (m)	videokazeta (ž)	[vɪdɛokazɛta]
CD (m)	CD disk (m)	[tsɛːdɛː dɪsk]
DVD (m)	DVD (s)	[dɛvɛdɛ]
alfabeto (m)	abeceda (ž)	[abɛtsɛda]
soletrar (vt)	hláskovat	[hlaːskovat]
pronúncia (f)	výslovnost (ž)	[viːslovnost]
sotaque (m)	cizí přízvuk (m)	[tsɪziː prʃiːzvuk]
com sotaque	s cizím přízvukem	[s tsɪziːm prʃiːzvukɛm]
sem sotaque	bez cizího přízvuku	[bɛz tsɪziːho prʃiːzvuku]
palavra (f)	slovo (s)	[slovo]
sentido (m)	smysl (m)	[smɪsl]
cursos (m pl)	kurzy (m mn)	[kurzɪ]
inscrever-se (vr)	zapsat se	[zapsat sɛ]
professor (m)	vyučující (m)	[vɪutʃujiːtsiː]
tradução (processo)	překlad (m)	[prʃɛklat]
tradução (texto)	překlad (m)	[prʃɛklat]
tradutor (m)	překladatel (m)	[prʃɛkladatɛl]
intérprete (m)	tlumočník (m)	[tlumotʃniːk]
poliglota (m)	polyglot (m)	[polɪglot]
memória (f)	paměť (ž)	[pamnetʲ]

Descanso. Entretenimento. Viagens

99. Viagens

turismo (m)	turistika (ž)	[turɪstɪka]
turista (m)	turista (m)	[turɪsta]
viagem (f)	cestování (s)	[tsɛstovaːniː]
aventura (f)	příhoda (ž)	[prʃiːhoda]
viagem (f)	cesta (ž)	[tsɛsta]
férias (f pl)	dovolená (ž)	[dovolɛnaː]
estar de férias	mít dovolenou	[miːt dovolɛnou]
descanso (m)	odpočinek (m)	[otpotʃɪnɛk]
comboio (m)	vlak (m)	[vlak]
de comboio (chegar ~)	vlakem	[vlakɛm]
avião (m)	letadlo (s)	[lɛtadlo]
de avião	letadlem	[lɛtadlɛm]
de carro	autem	[autɛm]
de navio	lodí	[lodiː]
bagagem (f)	zavazadla (s mn)	[zavazadla]
mala (f)	kufr (m)	[kufr]
carrinho (m)	vozík (m) na zavazadla	[voziːk na zavazadla]
passaporte (m)	pas (m)	[pas]
visto (m)	vízum (s)	[viːzum]
bilhete (m)	jízdenka (ž)	[jiːzdɛŋka]
bilhete (m) de avião	letenka (ž)	[lɛtɛŋka]
guia (m) de viagem	průvodce (m)	[pruːvodtsɛ]
mapa (m)	mapa (ž)	[mapa]
local (m), area (f)	krajina (ž)	[krajɪna]
lugar, sítio (m)	místo (s)	[miːsto]
exotismo (m)	exotika (ž)	[ɛgzotɪka]
exótico	exotický	[ɛgzotɪtski:]
surpreendente	podivuhodný	[podɪvuhodniː]
grupo (m)	skupina (ž)	[skupɪna]
excursão (f)	výlet (m)	[viːlɛt]
guia (m)	průvodce (m)	[pruːvodtsɛ]

100. Hotel

hotel (m)	hotel (m)	[hotɛl]
motel (m)	motel (m)	[motɛl]
três estrelas	tři hvězdy	[trʃɪ hvɛzdɪ]

cinco estrelas	pět hvězd	[pet hvezt]
ficar (~ num hotel)	ubytovat se	[ubɪtovat sɛ]
quarto (m)	pokoj (m)	[pokoj]
quarto (m) individual	jednolůžkový pokoj (m)	[jɛdnolu:ʃkovi: pokoj]
quarto (m) duplo	dvoulůžkový pokoj (m)	[dvoulu:ʃkovi: pokoj]
reservar um quarto	rezervovat pokoj	[rɛzɛrvovat pokoj]
meia pensão (f)	polopenze (ž)	[polopɛnzɛ]
pensão (f) completa	plná penze (ž)	[plna: pɛnzɛ]
com banheira	s koupelnou	[s koupɛlnou]
com duche	se sprchou	[sɛ sprxou]
televisão (m) satélite	satelitní televize (ž)	[satɛlɪtni: tɛlɛvɪzɛ]
ar (m) condicionado	klimatizátor (m)	[klɪmatɪza:tor]
toalha (f)	ručník (m)	[rutʃni:k]
chave (f)	klíč (m)	[kli:tʃ]
administrador (m)	recepční (m)	[rɛtsɛptʃni:]
camareira (f)	pokojská (ž)	[pokojska:]
bagageiro (m)	nosič (m)	[nosɪtʃ]
porteiro (m)	vrátný (m)	[vra:tni:]
restaurante (m)	restaurace (ž)	[rɛstauratsɛ]
bar (m)	bar (m)	[bar]
pequeno-almoço (m)	snídaně (ž)	[sni:dane]
jantar (m)	večeře (ž)	[vɛtʃɛrʒɛ]
buffet (m)	obložený stůl (m)	[obloʒeni: stu:l]
hall (m) de entrada	vstupní hala (ž)	[vstupni: hala]
elevador (m)	výtah (m)	[vi:tax]
NÃO PERTURBE	NERUŠIT	[nɛruʃɪt]
PROIBIDO FUMAR!	ZÁKAZ KOUŘENÍ	[za:kaz kourʒeni:]

EQUIPAMENTO TÉCNICO. TRANSPORTES

Equipamento técnico. Transportes

101. Computador

computador (m)	počítač (m)	[potʃiːtatʃ]
portátil (m)	notebook (m)	[noutbuːk]
ligar (vt)	zapnout	[zapnout]
desligar (vt)	vypnout	[vɪpnout]
teclado (m)	klávesnice (ž)	[klaːvɛsnɪtsɛ]
tecla (f)	klávesa (ž)	[klaːvɛsa]
rato (m)	myš (ž)	[mɪʃ]
tapete (m) de rato	podložka (ž) pro myš	[podloʃka pro mɪʃ]
botão (m)	tlačítko (s)	[tlatʃiːtko]
cursor (m)	kurzor (m)	[kurzor]
monitor (m)	monitor (m)	[monɪtor]
ecrã (m)	obrazovka (ž)	[obrazofka]
disco (m) rígido	pevný disk (m)	[pɛvniː dɪsk]
capacidade (f) do disco rígido	rozměr (m) disku	[rozmner dɪsku]
memória (f)	paměť (ž)	[pamnetʲ]
memória RAM (f)	operační paměť (ž)	[opɛratʃni: pamnetʲ]
ficheiro (m)	soubor (m)	[soubor]
pasta (f)	složka (ž)	[sloʃka]
abrir (vt)	otevřít	[otɛvrʒiːt]
fechar (vt)	zavřít	[zavrʒiːt]
guardar (vt)	uložit	[uloʒɪt]
apagar, eliminar (vt)	vymazat	[vɪmazat]
copiar (vt)	zkopírovat	[skopiːrovat]
ordenar (vt)	uspořádat	[usporʒaːdat]
copiar (vt)	zkopírovat	[skopiːrovat]
programa (m)	program (m)	[program]
software (m)	programové vybavení (s)	[programovɛː vɪbavɛniː]
programador (m)	programátor (m)	[programaːtor]
programar (vt)	programovat	[programovat]
hacker (m)	hacker (m)	[hɛkr]
senha (f)	heslo (s)	[hɛslo]
vírus (m)	virus (m)	[vɪrus]
detetar (vt)	zjistit	[zjɪstɪt]
byte (m)	byte (m)	[bajt]

megabyte (m)	megabyte (m)	[mɛgabajt]
dados (m pl)	data (s mn)	[data]
base (f) de dados	databáze (ž)	[databa:zɛ]

cabo (m)	kabel (m)	[kabɛl]
desconectar (vt)	odpojit	[otpojɪt]
conetar (vt)	připojit	[prʃɪpojɪt]

102. Internet. E-mail

internet (f)	internet (m)	[ɪntɛrnɛt]
browser (m)	prohlížeč (m)	[prohli:ʒetʃ]
motor (m) de busca	vyhledávací zdroj (m)	[vɪhlɛda:vatsi: zdroj]
provedor (m)	dodavatel (m)	[dodavatɛl]

webmaster (m)	web-master (m)	[vɛb-mastɛr]
website, sítio web (m)	webové stránky (ž mn)	[vɛbovɛ: stra:ŋkɪ]
página (f) web	webová stránka (ž)	[vɛbova: stra:ŋka]

| endereço (m) | adresa (ž) | [adrɛsa] |
| livro (m) de endereços | adresář (m) | [adrɛsa:rʃ] |

| caixa (f) de correio | e-mailová schránka (ž) | [i:mɛjlova: sxra:ŋka] |
| correio (m) | pošta (ž) | [poʃta] |

mensagem (f)	zpráva (ž)	[spra:va]
remetente (m)	odesílatel (m)	[odɛsi:latɛl]
enviar (vt)	odeslat	[odɛslat]
envio (m)	odeslání (s)	[odɛsla:ni:]

| destinatário (m) | příjemce (m) | [prʃi:jɛmtsɛ] |
| receber (vt) | dostat | [dostat] |

| correspondência (f) | korespondence (ž) | [korɛspondɛntsɛ] |
| corresponder-se (vr) | korespondovat | [korɛspondovat] |

ficheiro (m)	soubor (m)	[soubor]
fazer download, baixar	stáhnout	[sta:hnout]
criar (vt)	vytvořit	[vɪtvorʒɪt]
apagar, eliminar (vt)	vymazat	[vɪmazat]
eliminado	vymazaný	[vɪmazani:]

conexão (f)	spojení (s)	[spojɛni:]
velocidade (f)	rychlost (ž)	[rɪxlost]
modem (m)	modem (m)	[modɛm]

| acesso (m) | přístup (m) | [prʃi:stup] |
| porta (f) | port (m) | [port] |

| conexão (f) | připojení (s) | [prʃɪpojɛni:] |
| conetar (vi) | připojit se | [prʃɪpojɪt sɛ] |

| escolher (vt) | vybrat | [vɪbrat] |
| buscar (vt) | hledat | [hlɛdat] |

103. Eletricidade

eletricidade (f)	elektřina (ž)	[ɛlɛktrʃɪna]
elétrico	elektrický	[ɛlɛktrɪtski:]
central (f) elétrica	elektrárna (ž)	[ɛlɛktra:rna]
energia (f)	energie (ž)	[ɛnɛrgɪe]
energia (f) elétrica	elektrická energie (ž)	[ɛlɛktrɪtska: ɛnɛrgɪe]

lâmpada (f)	žárovka (ž)	[ʒa:rofka]
lanterna (f)	baterka (ž)	[batɛrka]
poste (m) de iluminação	pouliční lampa (ž)	[poulɪtʃni: lampa]

luz (f)	světlo (s)	[svetlo]
ligar (vt)	zapínat	[zapi:nat]
desligar (vt)	vypínat	[vɪpi:nat]
apagar a luz	zhasnout světlo	[zhasnout svetlo]

fundir (vi)	přepálit se	[prʃɛpa:lɪt sɛ]
curto-circuito (m)	krátké spojení (s)	[kra:tkɛ: spojɛni:]
rutura (f)	přetržení (s)	[prʃɛtrʒeni:]
contacto (m)	kontakt (m)	[kontakt]

interruptor (m)	vypínač (m)	[vɪpi:natʃ]
tomada (f)	zásuvka (ž)	[za:sufka]
ficha (f)	zástrčka (ž)	[za:strtʃka]
extensão (f)	prodlužovák (m)	[prodluʒova:k]

fusível (m)	pojistka (ž)	[pojɪstka]
fio, cabo (m)	vodič (m)	[vodɪtʃ]
instalação (f) elétrica	vedení (s)	[vɛdɛni:]

ampere (m)	ampér (m)	[ampɛ:r]
amperagem (f)	intenzita (ž) proudu	[ɪntɛnzɪta proudu]
volt (m)	volt (m)	[volt]
voltagem (f)	napětí (s)	[napeti:]

aparelho (m) elétrico	elektrický přístroj (m)	[ɛlɛktrɪtski: prʃi:stroj]
indicador (m)	indikátor (m)	[ɪndɪka:tor]

eletricista (m)	elektrotechnik (m)	[ɛlɛktrotɛxnɪk]
soldar (vt)	letovat	[lɛtovat]
ferro (m) de soldar	letovačka (ž)	[lɛtovatʃka]
corrente (f) elétrica	proud (m)	[prout]

104. Ferramentas

ferramenta (f)	nářadí (s)	[na:rʒadi:]
ferramentas (f pl)	nástroje (m mn)	[nastrojɛ]
equipamento (m)	zařízení (s)	[zarʒi:zɛni:]

martelo (m)	kladivo (s)	[kladɪvo]
chave (f) de fendas	šroubovák (m)	[ʃroubova:k]
machado (m)	sekera (ž)	[sɛkɛra]

serra (f)	pila (ž)	[pɪla]
serrar (vt)	řezat	[rʒɛzat]
plaina (f)	hoblík (m)	[hobli:k]
aplainar (vt)	hoblovat	[hoblovat]
ferro (m) de soldar	letovačka (ž)	[lɛtovatʃka]
soldar (vt)	letovat	[lɛtovat]

lima (f)	pilník (m)	[pɪlni:k]
tenaz (f)	kleště (ž mn)	[klɛʃte]
alicate (m)	ploché kleště (ž mn)	[ploxɛ: klɛʃte]
formão (m)	dláto (s)	[dla:to]

broca (f)	vrták (m)	[vrta:k]
berbequim (f)	svidřík (m)	[svɪdrʒi:k]
furar (vt)	vrtat	[vrtat]

| faca (f) | nůž (m) | [nu:ʃ] |
| lâmina (f) | čepel (ž) | [ʧɛpɛl] |

afiado	ostrý	[ostri:]
cego	tupý	[tupi:]
embotar-se (vr)	ztupit se	[stupɪt sɛ]
afiar, amolar (vt)	ostřit	[ostrʃɪt]

parafuso (m)	šroub (m)	[ʃroup]
porca (f)	matice (ž)	[matɪtsɛ]
rosca (f)	závit (m)	[za:vɪt]
parafuso (m) para madeira	vrut (m)	[vrut]

| prego (m) | hřebík (m) | [hrʒɛbi:k] |
| cabeça (f) do prego | hlavička (ž) | [hlavɪʧka] |

régua (f)	pravítko (s)	[pravi:tko]
fita (f) métrica	měřicí pásmo (s)	[mnɛrʒɪtsi: pa:smo]
nível (m)	libela (ž)	[lɪbɛla]
lupa (f)	lupa (ž)	[lupa]

medidor (m)	měřicí přístroj (m)	[mnɛrʒɪtsi: prʃi:stroj]
medir (vt)	měřit	[mnɛrʒɪt]
escala (f)	stupnice (ž)	[stupnɪtsɛ]
indicação (f), registo (m)	údaje (m mn)	[u:dajɛ]

| compressor (m) | kompresor (m) | [komprɛsor] |
| microscópio (m) | mikroskop (m) | [mɪkroskop] |

bomba (f)	pumpa (ž)	[pumpa]
robô (m)	robot (m)	[robot]
laser (m)	laser (m)	[lɛjzr]

chave (f) de boca	maticový klíč (m)	[matɪtsovi: kli:ʧ]
fita (f) adesiva	lepicí páska (ž)	[lɛpɪtsi: pa:ska]
cola (f)	lepidlo (s)	[lɛpɪdlo]

lixa (f)	smirkový papír (m)	[smɪrkovi: papi:r]
mola (f)	pružina (ž)	[pruʒɪna]
íman (m)	magnet (m)	[magnɛt]

luvas (f pl)	rukavice (ž mn)	[rukavɪtsɛ]
corda (f)	provaz (m)	[provaz]
cordel (m)	šňůra (ž)	[ʃnu:ra]
fio (m)	vodič (m)	[vodɪtʃ]
cabo (m)	kabel (m)	[kabɛl]

marreta (f)	palice (ž)	[palɪtsɛ]
pé de cabra (m)	sochor (m)	[soxor]
escada (f) de mão	žebřík (m)	[ʒebrʒi:k]
escadote (m)	dvojitý žebřík (m)	[dvojɪti: ʒebrʒi:k]

enroscar (vt)	zakroutit	[zakroutɪt]
desenroscar (vt)	odšroubovávat	[otʃroubova:vat]
apertar (vt)	svírat	[svi:rat]
colar (vt)	přilepit	[prʃɪlɛpɪt]
cortar (vt)	řezat	[rʒɛzat]

falha (mau funcionamento)	porucha (ž)	[poruxa]
conserto (m)	oprava (ž)	[oprava]
consertar, reparar (vt)	opravovat	[opravovat]
regular, ajustar (vt)	seřizovat	[sɛrʒɪzovat]

verificar (vt)	zkoušet	[skouʃɛt]
verificação (f)	kontrola (ž)	[kontrola]
indicação (f), registo (m)	údaj (m)	[u:daj]

| seguro | spolehlivý | [spolɛhlɪvi:] |
| complicado | složitý | [sloʒɪti:] |

enferrujar (vi)	rezavět	[rɛzavet]
enferrujado	rezavý	[rɛzavi:]
ferrugem (f)	rez (ž)	[rɛz]

Transportes

105. Avião

avião (m)	letadlo (s)	[lɛtadlo]
bilhete (m) de avião	letenka (ž)	[lɛtɛŋka]
companhia (f) aérea	letecká společnost (ž)	[lɛtɛtska: spolɛtʃnost]
aeroporto (m)	letiště (s)	[lɛtɪʃtɛ]
supersónico	nadzvukový	[nadzvukovi:]

comandante (m) do avião	velitel (m) posádky	[vɛlɪtɛl posa:tkɪ]
tripulação (f)	posádka (ž)	[posa:tka]
piloto (m)	pilot (m)	[pɪlot]
hospedeira (f) de bordo	letuška (ž)	[lɛtuʃka]
copiloto (m)	navigátor (m)	[navɪga:tor]

asas (f pl)	křídla (s mn)	[krʃi:dla]
cauda (f)	ocas (m)	[otsas]
cabine (f) de pilotagem	kabina (ž)	[kabɪna]
motor (m)	motor (m)	[motor]
trem (m) de aterragem	podvozek (m)	[podvozɛk]
turbina (f)	turbína (ž)	[turbi:na]

hélice (f)	vrtule (ž)	[vrtulɛ]
caixa-preta (f)	černá skříňka (ž)	[tʃɛrna: skrʃi:nʲka]
coluna (f) de controlo	řídicí páka (ž)	[rʒi:dɪtsi: pa:ka]
combustível (m)	palivo (s)	[palɪvo]

instruções (f pl) de segurança	předpis (m)	[prʃɛtpɪs]
máscara (f) de oxigénio	kyslíková maska (ž)	[kɪsli:kova: maska]
uniforme (m)	uniforma (ž)	[unɪforma]

colete (m) salva-vidas	záchranná vesta (ž)	[za:xranna: vɛsta]
paraquedas (m)	padák (m)	[pada:k]

descolagem (f)	start (m) letadla	[start lɛtadla]
descolar (vi)	vzlétat	[vzlɛ:tat]
pista (f) de descolagem	rozjezdová dráha (ž)	[rozjɛzdova: dra:ha]

visibilidade (f)	viditelnost (ž)	[vɪdɪtɛlnost]
voo (m)	let (m)	[lɛt]

altura (f)	výška (ž)	[vi:ʃka]
poço (m) de ar	vzdušná jáma (ž)	[vzduʃna: jama]

assento (m)	místo (s)	[mi:sto]
auscultadores (m pl)	sluchátka (s mn)	[sluxa:tka]
mesa (f) rebatível	odklápěcí stolek (m)	[otkla:pɛtsi: stolɛk]
vigia (f)	okénko (s)	[okɛ:ŋko]
passagem (f)	chodba (ž)	[xodba]

106. Comboio

comboio (m)	vlak (m)	[vlak]
comboio (m) suburbano	elektrický vlak (m)	[ɛlɛktrɪtski: vlak]
comboio (m) rápido	rychlík (m)	[rɪxli:k]
locomotiva (f) diesel	motorová lokomotiva (ž)	[motorova: lokomotɪva]
locomotiva (f) a vapor	parní lokomotiva (ž)	[parni: lokomotɪva]
carruagem (f)	vůz (m)	[vu:z]
carruagem restaurante (f)	jídelní vůz (m)	[ji:dɛlni: vu:z]
carris (m pl)	koleje (ž mn)	[kolɛjɛ]
caminho de ferro (m)	železnice (ž mn)	[ʒɛlɛznɪtsɛ]
travessa (f)	pražec (m)	[praʒets]
plataforma (f)	nástupiště (s)	[na:stupɪʃte]
linha (f)	kolej (ž)	[kolɛj]
semáforo (m)	návěstidlo (s)	[na:vestɪdlo]
estação (f)	stanice (ž)	[stanɪtsɛ]
maquinista (m)	strojvůdce (m)	[strojvu:dtsɛ]
bagageiro (m)	nosič (m)	[nosɪtʃ]
hospedeiro, -a (da carruagem)	průvodčí (m)	[pru:vodtʃi:]
passageiro (m)	cestující (m)	[tsɛstuji:tsi:]
revisor (m)	revizor (m)	[rɛvɪzor]
corredor (m)	chodba (ž)	[xodba]
freio (m) de emergência	záchranná brzda (ž)	[za:xranna: brzda]
compartimento (m)	oddělení (s)	[oddelɛni:]
cama (f)	lůžko (s)	[lu:ʃko]
cama (f) de cima	horní lůžko (s)	[horni: lu:ʃko]
cama (f) de baixo	dolní lůžko (s)	[dolni: lu:ʃko]
roupa (f) de cama	lůžkoviny (ž mn)	[lu:ʃkovɪnɪ]
bilhete (m)	jízdenka (ž)	[ji:zdɛŋka]
horário (m)	jízdní řád (m)	[ji:zdni: rʒa:t]
painel (m) de informação	tabule (ž)	[tabulɛ]
partir (vt)	odjíždět	[odji:ʒdet]
partida (f)	odjezd (m)	[odjɛst]
chegar (vi)	přijíždět	[prʃɪji:ʒdet]
chegada (f)	příjezd (m)	[prʃi:jɛst]
chegar de comboio	přijet vlakem	[prʃɪɛt vlakɛm]
apanhar o comboio	nastoupit do vlaku	[nastoupɪt do vlaku]
sair do comboio	vystoupit z vlaku	[vɪstoupɪt z vlaku]
acidente (m) ferroviário	železniční neštěstí (s)	[ʒɛlɛznɪtʃni: nɛʃtesti:]
locomotiva (f) a vapor	parní lokomotiva (ž)	[parni: lokomotɪva]
fogueiro (m)	topič (m)	[topɪtʃ]
fornalha (f)	topeniště (s)	[topɛnɪʃte]
carvão (m)	uhlí (s)	[uhli:]

107. Barco

navio (m)	loď (ž)	[lotʲ]
embarcação (f)	loď (ž)	[lotʲ]
vapor (m)	parník (m)	[parniːk]
navio (m)	říční loď (ž)	[ritʃni lotʲ]
transatlântico (m)	linková loď (ž)	[lıŋkova: lotʲ]
cruzador (m)	křižník (m)	[krʒɪʒniːk]
iate (m)	jachta (ž)	[jaxta]
rebocador (m)	vlek (m)	[vlɛk]
barcaça (f)	vlečná nákladní loď (ž)	[vlɛtʃna: naːkladni: lotʲ]
ferry (m)	prám (m)	[praːm]
veleiro (m)	plachetnice (ž)	[plaxɛtnɪtsɛ]
bergantim (m)	brigantina (ž)	[brɪgantiːna]
quebra-gelo (m)	ledoborec (m)	[lɛdoborɛts]
submarino (m)	ponorka (ž)	[ponorka]
bote, barco (m)	loďka (ž)	[lotʲka]
bote, dingue (m)	člun (m)	[tʃlun]
bote (m) salva-vidas	záchranný člun (m)	[zaːxranni: tʃlun]
lancha (f)	motorový člun (m)	[motorovi: tʃlun]
capitão (m)	kapitán (m)	[kapɪtaːn]
marinheiro (m)	námořník (m)	[naːmorʒniːk]
marujo (m)	námořník (m)	[naːmorʒniːk]
tripulação (f)	posádka (ž)	[posaːtka]
contramestre (m)	loďmistr (m)	[lodʲmɪstr]
grumete (m)	plavčík (m)	[plavtʃiːk]
cozinheiro (m) de bordo	lodní kuchař (m)	[lodni: kuxarʃ]
médico (m) de bordo	lodní lékař (m)	[lodni: lɛːkarʃ]
convés (m)	paluba (ž)	[paluba]
mastro (m)	stěžeň (m)	[stɛʒenʲ]
vela (f)	plachta (ž)	[plaxta]
porão (m)	podpalubí (s)	[potpalubi:]
proa (f)	příď (ž)	[prʃiːtʲ]
popa (f)	záď (ž)	[zaːtʲ]
remo (m)	veslo (s)	[vɛslo]
hélice (f)	lodní šroub (m)	[lodni: ʃroup]
camarote (m)	kajuta (ž)	[kajuta]
sala (f) dos oficiais	společenská místnost (ž)	[spolɛtʃɛnska: miːstnost]
sala (f) das máquinas	strojovna (ž)	[strojovna]
ponte (m) de comando	kapitánský můstek (m)	[kapɪtaːnski: muːstɛk]
sala (f) de comunicações	rádiová kabina (ž)	[raːdɪova: kabɪna]
onda (f) de rádio	vlna (ž)	[vlna]
diário (m) de bordo	lodní deník (m)	[lodni: dɛniːk]
luneta (f)	dalekohled (m)	[dalɛkohlet]
sino (m)	zvon (m)	[zvon]

bandeira (f)	vlajka (ž)	[vlajka]
cabo (m)	lano (s)	[lano]
nó (m)	uzel (m)	[uzɛl]

| corrimão (m) | zábradlí (s) | [zaːbradliː] |
| prancha (f) de embarque | schůdky (m mn) | [sxuːtkɪ] |

âncora (f)	kotva (ž)	[kotva]
recolher a âncora	zvednout kotvy	[zvɛdnout kotvɪ]
lançar a âncora	spustit kotvy	[spustɪt kotvɪ]
amarra (f)	kotevní řetěz (m)	[kotɛvniː rʒɛtez]

porto (m)	přístav (m)	[prʃiːstaf]
cais, amarradouro (m)	přístaviště (s)	[prʃiːstavɪʃte]
atracar (vi)	přistávat	[prʃɪstaːvat]
desatracar (vi)	vyplouvat	[vɪplouvat]

viagem (f)	cestování (s)	[tsɛstovaːniː]
cruzeiro (m)	výletní plavba (ž)	[viːletni: plavba]
rumo (m), rota (f)	kurz (m)	[kurs]
itinerário (m)	trasa (ž)	[trasa]

canal (m) navegável	plavební dráha (ž)	[plavɛbni: dra:ha]
banco (m) de areia	mělčina (ž)	[mnelʧɪna]
encalhar (vt)	najet na mělčinu	[najɛt na mnelʧɪnu]

tempestade (f)	bouřka (ž)	[bourʃka]
sinal (m)	signál (m)	[sɪgnaːl]
afundar-se (vr)	potápět se	[pota:pet sɛ]
SOS	SOS	[ɛs oː ɛs]
boia (f) salva-vidas	záchranný kruh (m)	[za:xranni: krux]

108. Aeroporto

aeroporto (m)	letiště (s)	[lɛtɪʃte]
avião (m)	letadlo (s)	[lɛtadlo]
companhia (f) aérea	letecká společnost (ž)	[lɛtɛtska: spolɛʧnost]
controlador (m) de tráfego aéreo	dispečer (m)	[dɪspɛʧɛr]

partida (f)	odlet (m)	[odlɛt]
chegada (f)	přílet (m)	[prʃiːlɛt]
chegar (~ de avião)	přiletět	[prʃɪlɛtet]

| hora (f) de partida | čas (m) odletu | [ʧas odlɛtu] |
| hora (f) de chegada | čas (m) příletu | [ʧas prʃilɛtu] |

| estar atrasado | mít zpoždění | [miːt spoʒdɛniː] |
| atraso (m) de voo | zpoždění (s) odletu | [spoʒdeni: odlɛtu] |

painel (m) de informação	informační tabule (ž)	[ɪnformaʧni: tabulɛ]
informação (f)	informace (ž)	[ɪnformatsɛ]
anunciar (vt)	hlásit	[hla:sɪt]
voo (m)	let (m)	[lɛt]

alfândega (f)	celnice (ž)	[tsɛlnɪtsɛ]
funcionário (m) da alfândega	celník (m)	[tsɛlni:k]
declaração (f) alfandegária	prohlášení (s)	[prohla:ʃɛni:]
preencher a declaração	vyplnit prohlášení	[vɪplnɪt prohla:ʃɛni:]
controlo (m) de passaportes	pasová kontrola (ž)	[pasova: kontrola]
bagagem (f)	zavazadla (s mn)	[zavazadla]
bagagem (f) de mão	příruční zavazadlo (s)	[prʃi:rutʃni: zavazadlo]
carrinho (m)	vozík (m) na zavazadla	[vozi:k na zavazadla]
aterragem (f)	přistání (s)	[prʃɪsta:ni:]
pista (f) de aterragem	přistávací dráha (ž)	[prʃɪsta:vatsi: dra:ha]
aterrar (vi)	přistávat	[prʃɪsta:vat]
escada (f) de avião	pojízdné schůdky (m mn)	[poji:zdnɛ: sxu:tkɪ]
check-in (m)	registrace (ž)	[rɛgɪstratsɛ]
balcão (m) do check-in	přepážka (ž) registrace	[prʃɛpa:ʃka rɛgɪstratsɛ]
fazer o check-in	zaregistrovat se	[zarɛgɪstrovat sɛ]
cartão (m) de embarque	palubní lístek (m)	[palubni: li:stɛk]
porta (f) de embarque	příchod (m) k nástupu	[prʃi:xot k na:stupu]
trânsito (m)	tranzit (m)	[tranzɪt]
esperar (vi, vt)	čekat	[tʃɛkat]
sala (f) de espera	čekárna (ž)	[tʃɛka:rna]
despedir-se de ...	doprovázet	[doprova:zɛt]
despedir-se (vr)	loučit se	[loutʃɪt sɛ]

Eventos

109. Férias. Evento

festa (f)	svátek (m)	[sva:tɛk]
festa (f) nacional	národní svátek (m)	[na:rodni: sva:tɛk]
feriado (m)	sváteční den (m)	[sva:tɛtʃni: dɛn]
festejar (vt)	oslavovat	[oslavovat]
evento (festa, etc.)	událost (ž)	[uda:lost]
evento (banquete, etc.)	akce (ž)	[aktsɛ]
banquete (m)	banket (m)	[baŋkɛt]
receção (f)	recepce (ž)	[rɛtsɛptsɛ]
festim (m)	hostina (ž)	[hostɪna]
aniversário (m)	výročí (s)	[vi:rotʃi:]
jubileu (m)	jubileum (s)	[jubɪlɛjum]
celebrar (vt)	oslavit	[oslavɪt]
Ano (m) Novo	Nový rok (m)	[novi: rok]
Feliz Ano Novo!	Šťastný nový rok!	[ʃtʲastni: novi: rok]
Natal (m)	Vánoce (ž mn)	[va:notsɛ]
Feliz Natal!	Veselé Vánoce!	[vɛsɛlɛ: va:notsɛ]
árvore (f) de Natal	vánoční stromek (m)	[va:notʃni: stromɛk]
fogo (m) de artifício	ohňostroj (m)	[ohnʲostroj]
boda (f)	svatba (ž)	[svatba]
noivo (m)	ženich (m)	[ʒenɪx]
noiva (f)	nevěsta (ž)	[nɛvesta]
convidar (vt)	zvát	[zva:t]
convite (m)	pozvánka (ž)	[pozva:ŋka]
convidado (m)	host (m)	[host]
visitar (vt)	jít na návštěvu	[ji:t na na:vʃtevu]
receber os hóspedes	vítat hosty	[vitat hostɪ]
presente (m)	dárek (m)	[da:rɛk]
oferecer (vt)	darovat	[darovat]
receber presentes	dostávat dárky	[dosta:vat da:rkɪ]
ramo (m) de flores	kytice (ž)	[kɪtɪtsɛ]
felicitações (f pl)	blahopřání (s)	[blahoprʃa:ni:]
felicitar (dar os parabéns)	blahopřát	[blahoprʃa:t]
cartão (m) de parabéns	blahopřejný lístek (m)	[blahoprʃɛjni: li:stɛk]
enviar um postal	poslat lístek	[poslat li:stɛk]
receber um postal	dostat lístek	[dostat li:stɛk]
brinde (m)	přípitek (m)	[prʃi:pɪtɛk]

| oferecer (vt) | častovat | [tʃastovat] |
| champanhe (m) | šampaňské (s) | [ʃampanˈskɛ:] |

divertir-se (vr)	bavit se	[bavɪt sɛ]
diversão (f)	zábava (ž)	[za:bava]
alegria (f)	radost (ž)	[radost]

| dança (f) | tanec (m) | [tanɛts] |
| dançar (vi) | tančit | [tantʃɪt] |

| valsa (f) | valčík (m) | [valtʃi:k] |
| tango (m) | tango (s) | [tango] |

110. Funerais. Enterro

cemitério (m)	hřbitov (m)	[hrʒbɪtof]
sepultura (f), túmulo (m)	hrob (m)	[hrop]
cruz (f)	kříž (m)	[krʃi:ʃ]
lápide (f)	náhrobek (m)	[na:hrobɛk]
cerca (f)	ohrádka (ž)	[ohra:tka]
capela (f)	kaple (ž)	[kaplɛ]

morte (f)	úmrtí (s)	[u:mrti:]
morrer (vi)	umřít	[umrʒi:t]
defunto (m)	zemřelý (m)	[zɛmrʒɛli:]
luto (m)	smutek (m)	[smutɛk]

enterrar, sepultar (vt)	pohřbívat	[pohrʒbi:vat]
agência (f) funerária	pohřební ústav (m)	[pohrʒɛbni: u:staf]
funeral (m)	pohřeb (m)	[pohrʒɛp]

coroa (f) de flores	věnec (m)	[venɛts]
caixão (m)	rakev (ž)	[rakɛf]
carro (m) funerário	katafalk (m)	[katafalk]
mortalha (f)	pohřební roucho (m)	[pohrʒɛbni: rouxo]

| urna (f) funerária | popelnice (ž) | [popɛlnɪtsɛ] |
| crematório (m) | krematorium (s) | [krɛmatorɪum] |

obituário (m), necrologia (f)	nekrolog (m)	[nɛkrolog]
chorar (vi)	plakat	[plakat]
soluçar (vi)	vzlykat	[vzlɪkat]

111. Guerra. Soldados

pelotão (m)	četa (ž)	[tʃɛta]
companhia (f)	rota (ž)	[rota]
regimento (m)	pluk (m)	[pluk]
exército (m)	armáda (ž)	[arma:da]
divisão (f)	divize (ž)	[dɪvɪzɛ]
destacamento (m)	oddíl (m)	[oddi:l]
hoste (f)	vojsko (s)	[vojsko]

| soldado (m) | voják (m) | [voja:k] |
| oficial (m) | důstojník (m) | [du:stojni:k] |

soldado (m) raso	vojín (m)	[voji:n]
sargento (m)	seržant (m)	[sɛrʒant]
tenente (m)	poručík (m)	[porutʃi:k]
capitão (m)	kapitán (m)	[kapɪta:n]
major (m)	major (m)	[major]
coronel (m)	plukovník (m)	[plukovni:k]
general (m)	generál (m)	[gɛnɛra:l]

marujo (m)	námořník (m)	[na:morʒni:k]
capitão (m)	kapitán (m)	[kapɪta:n]
contramestre (m)	loďmistr (m)	[lodʲmɪstr]

artilheiro (m)	dělostřelec (m)	[delostrʃɛlɛʦ]
soldado (m) paraquedista	výsadkář (m)	[vi:satka:rʃ]
piloto (m)	letec (m)	[lɛtɛʦ]
navegador (m)	navigátor (m)	[navɪga:tor]
mecânico (m)	mechanik (m)	[mɛxanɪk]

sapador (m)	ženista (m)	[ʒenɪsta]
paraquedista (m)	parašutista (m)	[paraʃutɪsta]
explorador (m)	rozvědčík (m)	[rozvedtʃi:k]
franco-atirador (m)	odstřelovač (m)	[otstrʃɛlovatʃ]

patrulha (f)	hlídka (ž)	[hli:tka]
patrulhar (vt)	hlídkovat	[hli:tkovat]
sentinela (f)	strážný (m)	[stra:ʒni:]

guerreiro (m)	vojín (m)	[voji:n]
patriota (m)	vlastenec (m)	[vlastɛnɛʦ]
herói (m)	hrdina (m)	[hrdɪna]
heroína (f)	hrdinka (ž)	[hrdɪŋka]

traidor (m)	zrádce (m)	[zra:dʦɛ]
desertor (m)	zběh (m)	[zbex]
desertar (vt)	dezertovat	[dɛzɛrtovat]

mercenário (m)	žoldnéř (m)	[ʒoldnɛ:rʃ]
recruta (m)	branec (m)	[branɛʦ]
voluntário (m)	dobrovolník (m)	[dobrovolni:k]

morto (m)	zabitý (m)	[zabɪti:]
ferido (m)	raněný (m)	[raneni:]
prisioneiro (m) de guerra	zajatec (m)	[zajatɛʦ]

112. Guerra. Ações militares. Parte 1

guerra (f)	válka (ž)	[va:lka]
guerrear (vt)	bojovat	[bojovat]
guerra (f) civil	občanská válka (ž)	[obtʃanska: va:lka]
perfidamente	věrolomně	[verolomne]
declaração (f) de guerra	vyhlášení (s)	[vɪhla:ʃɛni:]

T&P Books. Vocabulário Português-Checo - 5000 palavras

declarar (vt) guerra	vyhlásit	[vɪhla:sɪt]
agressão (f)	agrese (ž)	[agrɛsɛ]
atacar (vt)	přepadat	[pr̝ɛpadat]

invadir (vt)	uchvacovat	[uxvatsovat]
invasor (m)	uchvatitel (m)	[uxvatɪtɛl]
conquistador (m)	dobyvatel (m)	[dobɪvatɛl]

defesa (f)	obrana (ž)	[obrana]
defender (vt)	bránit	[bra:nɪt]
defender-se (vr)	bránit se	[bra:nɪt sɛ]

| inimigo, adversário (m) | nepřítel (m) | [nɛprʃi:tɛl] |
| inimigo | nepřátelský | [nɛprʃa:tɛlski:] |

| estratégia (f) | strategie (ž) | [stratɛgɪe] |
| tática (f) | taktika (ž) | [taktɪka] |

ordem (f)	rozkaz (m)	[roskas]
comando (m)	povel (m)	[povɛl]
ordenar (vt)	rozkazovat	[roskazovat]
missão (f)	úkol (m)	[u:kol]
secreto	tajný	[tajni:]

| batalha (f) | bitva (ž) | [bɪtva] |
| combate (m) | boj (m) | [boj] |

ataque (m)	útok (m)	[u:tok]
assalto (m)	útok (m)	[u:tok]
assaltar (vt)	dobývat útokem	[dobi:vat u:tokɛm]
assédio, sítio (m)	obležení (s)	[oblɛʒeni:]

| ofensiva (f) | ofenzíva (ž) | [ofɛnzi:va] |
| passar à ofensiva | zahájit ofenzivu | [zaha:jɪt ofɛnzivu] |

| retirada (f) | ústup (m) | [u:stup] |
| retirar-se (vr) | ustupovat | [ustupovat] |

| cerco (m) | obklíčení (s) | [opkli:tʃɛni:] |
| cercar (vt) | obkličovat | [opklɪtʃovat] |

bombardeio (m)	bombardování (s)	[bombardova:ni:]
lançar uma bomba	shodit pumu	[sxodɪt pumu]
bombardear (vt)	bombardovat	[bombardovat]
explosão (f)	výbuch (m)	[vi:bux]

tiro (m)	výstřel (m)	[vi:strʃɛl]
disparar um tiro	vystřelit	[vɪstrʒɛlɪt]
tiroteio (m)	střelba (ž)	[strʃɛlba]

apontar para ...	mířit	[mi:rʒɪt]
apontar (vt)	zamířit	[zami:rʒɪt]
acertar (vt)	zasáhnout	[zasa:hnout]

| afundar (um navio) | potopit | [potopɪt] |
| brecha (f) | trhlina (ž) | [trhlɪna] |

Portuguese	Czech	Pronunciation
afundar-se (vr)	topit se	[topɪt sɛ]
frente (m)	fronta (ž)	[fronta]
evacuação (f)	evakuace (ž)	[ɛvakuatsɛ]
evacuar (vt)	evakuovat	[ɛvakuovat]

arame (m) farpado	ostnatý drát (m)	[ostnati: draːt]
obstáculo (m) anticarro	zátaras (m)	[zaːtaras]
torre (f) de vigia	věž (ž)	[vɛʃ]

hospital (m)	vojenská nemocnice (ž)	[vojɛnska: nɛmotsnɪtsɛ]
ferir (vt)	zranit	[zranɪt]
ferida (f)	rána (ž)	[raːna]
ferido (m)	raněný (m)	[raneni:]
ficar ferido	utrpět zranění	[utrpet zraneni:]
grave (ferida ~)	těžký	[tɛʃki:]

113. Guerra. Ações militares. Parte 2

cativeiro (m)	zajetí (s)	[zajɛti:]
capturar (vt)	zajmout	[zajmout]
estar em cativeiro	být v zajetí	[biːt v zajɛti:]
ser aprisionado	dostat se do zajetí	[dostat sɛ do zajɛti:]

campo (m) de concentração	koncentrační tábor (m)	[kontsɛntratʃni: taːbor]
prisioneiro (m) de guerra	zajatec (m)	[zajatɛts]
escapar (vi)	utéci	[utɛːtsɪ]

trair (vt)	zradit	[zradɪt]
traidor (m)	zrádce (m)	[zraːdtsɛ]
traição (f)	zrada (ž)	[zrada]

fuzilar, executar (vt)	zastřelit	[zastrʃɛlɪt]
fuzilamento (m)	smrt (ž) zastřelením	[smrt zastrʃɛlɛniːm]

equipamento (m)	výstroj (ž)	[viːstroj]
platina (f)	náramenik (m)	[naːramɛniːk]
máscara (f) antigás	plynová maska (ž)	[plɪnova: maska]

rádio (m)	vysílačka (ž)	[vɪsiːlatʃka]
cifra (f), código (m)	šifra (ž)	[ʃɪfra]
conspiração (f)	konspirace (ž)	[konspɪratsɛ]
senha (f)	heslo (s)	[hɛslo]

mina (f)	mina (ž)	[mɪna]
minar (vt)	zaminovat	[zamɪnovat]
campo (m) minado	minové pole (s)	[mɪnovɛ: polɛ]

alarme (m) aéreo	letecký poplach (m)	[lɛtɛtski: poplax]
alarme (m)	poplach (m)	[poplax]
sinal (m)	signál (m)	[sɪgnaːl]
sinalizador (m)	světlice (ž)	[svetlɪtsɛ]

estado-maior (m)	štáb (m)	[ʃtaːp]
reconhecimento (m)	rozvědka (ž)	[rozvetka]

situação (f)	situace (ž)	[sɪtuatsɛ]
relatório (m)	hlášení (s)	[hla:ʃɛni:]
emboscada (f)	záloha (ž)	[za:loha]
reforço (m)	posila (ž)	[posɪla]

alvo (m)	terč (m)	[tɛrtʃ]
campo (m) de tiro	střelnice (ž)	[strʃɛlnɪtsɛ]
manobras (f pl)	manévry (m mn)	[manɛ:vrɪ]

pânico (m)	panika (ž)	[panɪka]
devastação (f)	rozvrat (m)	[rozvrat]
ruínas (f pl)	zpustošení (s)	[spustoʃɛni:]
destruir (vt)	zpustošit	[spustoʃɪt]

sobreviver (vi)	přežít	[prʃɛʒi:t]
desarmar (vt)	odzbrojit	[odzbrojɪt]
manusear (vt)	zacházet	[zaxa:zɛt]

| Firmes! | Pozor! | [pozor] |
| Descansar! | Pohov! | [pohoʃ] |

façanha (f)	hrdinský čin (m)	[hrdɪnski: tʃɪn]
juramento (m)	přísaha (ž)	[prʃi:saha]
jurar (vi)	přísahat	[prʃi:sahat]

condecoração (f)	vyznamenání (s)	[vɪznamɛna:ni:]
condecorar (vt)	vyznamenávat	[vɪznamɛna:vat]
medalha (f)	medaile (ž)	[mɛdajlɛ]
ordem (f)	řád (m)	[rʒa:t]

vitória (f)	vítězství (s)	[vi:tezstvi:]
derrota (f)	porážka (ž)	[pora:ʃka]
armistício (m)	příměří (s)	[prʃi:mnerʒi:]

bandeira (f)	prapor (m)	[prapor]
glória (f)	sláva (ž)	[sla:va]
desfile (m) militar	vojenská přehlídka (ž)	[vojɛnska: prʃɛhli:tka]
marchar (vi)	pochodovat	[poxodovat]

114. Armas

arma (f)	zbraň (ž)	[zbranʲ]
arma (f) de fogo	střelná zbraň (ž)	[strʃɛlna: zbranʲ]
arma (f) branca	bodná a sečná zbraň (ž)	[bodna: a sɛtʃna: zbranʲ]

arma (f) química	chemická zbraň (ž)	[xɛmɪtska: zbranʲ]
nuclear	jaderný	[jadɛrni:]
arma (f) nuclear	jaderná zbraň (ž)	[jadɛrna: zbranʲ]

| bomba (f) | puma (ž) | [puma] |
| bomba (f) atómica | atomová puma (ž) | [atomova: puma] |

| pistola (f) | pistole (ž) | [pɪstolɛ] |
| caçadeira (f) | puška (ž) | [puʃka] |

pistola-metralhadora (f)	samopal (m)	[samopal]
metralhadora (f)	kulomet (m)	[kulomɛt]
boca (f)	ústí (s) hlavně	[uːsti: hlavne]
cano (m)	hlaveň (ž)	[hlavɛnʲ]
calibre (m)	ráž (ž)	[raːʃ]
gatilho (m)	kohoutek (m)	[kohoutɛk]
mira (f)	hledí (s)	[hlɛdiː]
carregador (m)	zásobník (m)	[zaːsobniːk]
coronha (f)	pažba (ž)	[paʒba]
granada (f) de mão	granát (m)	[granaːt]
explosivo (m)	výbušnina (ž)	[viːbuʃnɪna]
bala (f)	kulka (ž)	[kulka]
cartucho (m)	náboj (m)	[naːboj]
carga (f)	nálož (ž)	[naːloʃ]
munições (f pl)	střelivo (s)	[strʃɛlɪvo]
bombardeiro (m)	bombardér (m)	[bombardɛːr]
avião (m) de caça	stíhačka (ž)	[stiːhatʃka]
helicóptero (m)	vrtulník (m)	[vrtulniːk]
canhão (m) antiaéreo	protiletadlové dělo (s)	[protɪlɛtadlovɛː delo]
tanque (m)	tank (m)	[taŋk]
canhão (de um tanque)	tankové dělo (s)	[taŋkovɛː delo]
artilharia (f)	dělostřelectvo (s)	[delostrʃɛlɛʦtvo]
canhão (m)	dělo (s)	[delo]
fazer a pontaria	zamířit	[zamiːrʒɪt]
obus (m)	střela (ž)	[strʃɛla]
granada (f) de morteiro	mina (ž)	[mɪna]
morteiro (m)	minomet (m)	[mɪnomɛt]
estilhaço (m)	střepina (ž)	[strʃɛpɪna]
submarino (m)	ponorka (ž)	[ponorka]
torpedo (m)	torpédo (s)	[torpɛːdo]
míssil (m)	raketa (ž)	[rakɛta]
carregar (uma arma)	nabíjet	[nabiːjɛt]
atirar, disparar (vi)	střílet	[strʃiːlɛt]
apontar para ...	mířit	[miːrʒɪt]
baioneta (f)	bodák (m)	[bodaːk]
espada (f)	kord (m)	[kort]
sabre (m)	šavle (ž)	[ʃavlɛ]
lança (f)	kopí (s)	[kopiː]
arco (m)	luk (m)	[luk]
flecha (f)	šíp (m)	[ʃiːp]
mosquete (m)	mušketa (ž)	[muʃkɛta]
besta (f)	samostříl (m)	[samostrʃiːl]

115. Povos da antiguidade

primitivo	prvobytný	[prvobɪtniː]
pré-histórico	prehistorický	[prɛhɪstorɪʦkiː]
antigo	starobylý	[starobɪliː]
Idade (f) da Pedra	Doba (ž) kamenná	[doba kamɛnnaː]
Idade (f) do Bronze	Doba (ž) bronzová	[doba bronzovaː]
período (m) glacial	Doba (ž) ledová	[doba lɛdovaː]
tribo (f)	kmen (m)	[kmɛn]
canibal (m)	lidojed (m)	[lɪdojɛt]
caçador (m)	lovec (m)	[lovɛʦ]
caçar (vi)	lovit	[lovɪt]
mamute (m)	mamut (m)	[mamut]
caverna (f)	jeskyně (ž)	[jɛskɪne]
fogo (m)	oheň (m)	[ohɛnʲ]
fogueira (f)	táborák (m)	[taborak]
pintura (f) rupestre	jeskynní malba (ž)	[jɛskɪnniː malba]
ferramenta (f)	pracovní nástroje (m mn)	[praʦovniː naːstrojɛ]
lança (f)	oštěp (m)	[oʃtep]
machado (m) de pedra	kamenná sekera (ž)	[kamɛnnaː sɛkɛra]
guerrear (vt)	bojovat	[bojovat]
domesticar (vt)	ochočovat	[oxotʃovat]
ídolo (m)	modla (ž)	[modla]
adorar, venerar (vt)	klanět se	[klanet sɛ]
superstição (f)	pověra (ž)	[povera]
evolução (f)	evoluce (ž)	[ɛvoluʦɛ]
desenvolvimento (m)	rozvoj (m)	[rozvoj]
desaparecimento (m)	vymizení (s)	[vɪmɪzɛniː]
adaptar-se (vr)	přizpůsobovat se	[prʃɪspuːsobovat sɛ]
arqueologia (f)	archeologie (ž)	[arxɛologɪe]
arqueólogo (m)	archeolog (m)	[arxɛolog]
arqueológico	archeologický	[arxɛologɪʦkiː]
local (m) das escavações	vykopávky (ž mn)	[vɪkopaːfkɪ]
escavações (f pl)	vykopávky (ž mn)	[vɪkopaːfkɪ]
achado (m)	objev (m)	[objɛf]
fragmento (m)	část (ž)	[tʃaːst]

116. Idade média

povo (m)	lid, národ (m)	[lɪt], [naːrot]
povos (m pl)	národy (m mn)	[naːrodɪ]
tribo (f)	kmen (m)	[kmɛn]
tribos (f pl)	kmeny (m mn)	[kmɛnɪ]
bárbaros (m pl)	barbaři (m mn)	[barbarʒɪ]
gauleses (m pl)	Galové (m mn)	[galovɛː]

T&P Books. Vocabulário Português-Checo - 5000 palavras

godos (m pl)	Gótové (m mn)	[go:tovɛ:]
eslavos (m pl)	Slované (m mn)	[slovanɛ:]
víquingues (m pl)	Vikingové (m mn)	[vɪkɪŋgovɛ:]

| romanos (m pl) | Římané (m mn) | [rʒi:manɛ:] |
| romano | římský | [rʒi:mski:] |

bizantinos (m pl)	obyvatelé (m mn) Byzantské říše	[obɪvatɛlɛ: bɪzantskɛ: rʃi:ʃɛ]
Bizâncio	Byzantská říše (ž)	[bɪzantska: rʃi:ʃɛ]
bizantino	byzantský	[bɪzantski:]

imperador (m)	císař (m)	[tsi:sarʃ]
líder (m)	vůdce (m)	[vu:dtsɛ]
poderoso	mocný	[motsni:]
rei (m)	král (m)	[kra:l]
governante (m)	vladař (m)	[vladarʃ]

cavaleiro (m)	rytíř (m)	[rɪti:rʃ]
senhor feudal (m)	feudál (m)	[fɛuda:l]
feudal	feudální	[fɛuda:lni:]
vassalo (m)	vasal (m)	[vasal]

duque (m)	vévoda (m)	[vɛ:voda]
conde (m)	hrabě (m)	[hrabɛ]
barão (m)	barel (m)	[barɛl]
bispo (m)	biskup (m)	[bɪskup]

armadura (f)	brnění (s)	[brneni:]
escudo (m)	štít (m)	[ʃti:t]
espada (f)	meč (m)	[mɛtʃ]
viseira (f)	hledí (s)	[hlɛdi:]
cota (f) de malha	kroužková košile (ž)	[krouʃkova: koʃɪlɛ]

| cruzada (f) | křižácká výprava (ž) | [krʃɪʒa:tska: vi:prava] |
| cruzado (m) | křižák (m) | [krʃɪʒa:k] |

território (m)	území (s)	[u:zɛmi:]
atacar (vt)	přepadat	[prʃɛpadat]
conquistar (vt)	dobýt	[dobi:t]
ocupar, invadir (vt)	zmocnit se	[zmotsnɪt sɛ]

assédio, sítio (m)	obležení (s)	[oblɛʒeni:]
sitiado	obklíčený	[opkli:tʃɛni:]
assediar, sitiar (vt)	obkličovat	[opklɪtʃovat]

inquisição (f)	inkvizice (ž)	[ɪŋkvɪzɪtsɛ]
inquisidor (m)	inkvizitor (m)	[ɪŋkvɪzɪtor]
tortura (f)	mučení (s)	[mutʃɛni:]
cruel	krutý	[kruti:]
herege (m)	kacíř (m)	[katsi:rʃ]
heresia (f)	bludařství (s)	[bludarʃstvi:]

navegação (f) marítima	mořeplavba (ž)	[morʒɛplavba]
pirata (m)	pirát (m)	[pɪra:t]
pirataria (f)	pirátství (s)	[pɪra:tstvi:]

109

abordagem (f)	abordáž (ž)	[abordaːʃ]
presa (f), butim (m)	kořist (ž)	[korʒɪst]
tesouros (m pl)	bohatství (s)	[bohatstviː]
descobrimento (m)	objevení (s)	[objɛvɛniː]
descobrir (novas terras)	objevit	[objɛvɪt]
expedição (f)	výprava (ž)	[viːprava]
mosqueteiro (m)	mušketýr (m)	[muʃkɛtiːr]
cardeal (m)	kardinál (m)	[kardɪnaːl]
heráldica (f)	heraldika (ž)	[hɛraldɪka]
heráldico	heraldický	[hɛraldɪtskiː]

117. Líder. Chefe. Autoridades

rei (m)	král (m)	[kraːl]
rainha (f)	královna (ž)	[kraːlovna]
real	královský	[kraːlovskiː]
reino (m)	království (s)	[kraːlovstviː]
príncipe (m)	princ (m)	[prɪnʦ]
princesa (f)	princezna (ž)	[prɪnʦɛzna]
presidente (m)	prezident (m)	[prɛzɪdɛnt]
vice-presidente (m)	viceprezident (m)	[vɪʦɛprɛzɪdɛnt]
senador (m)	senátor (m)	[sɛnaːtor]
monarca (m)	monarcha (m)	[monarxa]
governante (m)	vladař (m)	[vladarʃ]
ditador (m)	diktátor (m)	[dɪktaːtor]
tirano (m)	tyran (m)	[tɪran]
magnata (m)	magnát (m)	[magnaːt]
diretor (m)	ředitel (m)	[rʒɛdɪtɛl]
chefe (m)	šéf (m)	[ʃɛːf]
dirigente (m)	správce (m)	[spraːvʦɛ]
patrão (m)	bos (m)	[bos]
dono (m)	majitel (m)	[majɪtɛl]
chefe (~ de delegação)	hlava (m)	[hlava]
autoridades (f pl)	úřady (m mn)	[uːrʒadɪ]
superiores (m pl)	vedení (s)	[vɛdɛniː]
governador (m)	gubernátor (m)	[gubɛrnaːtor]
cônsul (m)	konzul (m)	[konzul]
diplomata (m)	diplomat (m)	[dɪplomat]
Presidente (m) da Câmara	primátor (m)	[prɪmaːtor]
xerife (m)	šerif (m)	[ʃɛrɪf]
imperador (m)	císař (m)	[ʦiːsarʃ]
czar (m)	car (m)	[ʦar]
faraó (m)	faraón (m)	[faraoːn]
cã (m)	chán (m)	[xaːn]

118. Viloação da lei. Criminosos. Parte 1

bandido (m)	bandita (m)	[bandɪta]
crime (m)	zločin (m)	[zlotʃɪn]
criminoso (m)	zločinec (m)	[zlotʃɪnɛts]
ladrão (m)	zloděj (m)	[zlodej]
roubar (vt)	krást	[kra:st]
furto (m)	loupež (ž)	[loupɛʃ]
furto (m)	krádež (ž)	[kra:dɛʃ]
raptar (ex. ~ uma criança)	unést	[unɛ:st]
rapto (m)	únos (m)	[u:nos]
raptor (m)	únosce (m)	[u:nostsɛ]
resgate (m)	výkupné (s)	[vi:kupnɛ:]
pedir resgate	žádat výkupné	[ʒa:dat vi:kupnɛ:]
roubar (vt)	loupit	[loupɪt]
assalto, roubo (m)	loupež (ž)	[loupɛʃ]
assaltante (m)	lupič (m)	[lupɪtʃ]
extorquir (vt)	vydírat	[vɪdi:rat]
extorsionário (m)	vyděrač (m)	[vɪderatʃ]
extorsão (f)	vyděračství (s)	[vɪderatʃstvi:]
matar, assassinar (vt)	zabít	[zabi:t]
homicídio (m)	vražda (ž)	[vraʒda]
homicida, assassino (m)	vrah (m)	[vrax]
tiro (m)	výstřel (m)	[vi:strʃɛl]
dar um tiro	vystřelit	[vɪstrʒɛlɪt]
matar a tiro	zastřelit	[zastrʃɛlɪt]
atirar, disparar (vi)	střílet	[strʃi:lɛt]
tiroteio (m)	střelba (ž)	[strʃɛlba]
incidente (m)	nehoda (ž)	[nɛhoda]
briga (~ de rua)	rvačka (ž)	[rvatʃka]
Socorro!	Pomoc!	[pomots]
vítima (f)	oběť (ž)	[obetⁱ]
danificar (vt)	poškodit	[poʃkodɪt]
dano (m)	škoda (ž)	[ʃkoda]
cadáver (m)	mrtvola (ž)	[mrtvola]
grave	těžký	[tɛʃki:]
atacar (vt)	napadnout	[napadnout]
bater (espancar)	bít	[bi:t]
espancar (vt)	zbít	[zbi:t]
tirar, roubar (dinheiro)	odebrat	[odebrat]
esfaquear (vt)	zabít	[zabi:t]
mutilar (vt)	zmrzačit	[zmrzatʃɪt]
ferir (vt)	zranit	[zranɪt]
chantagem (f)	vyděračství (s)	[vɪderatʃstvi:]
chantagear (vt)	vydírat	[vɪdi:rat]

chantagista (m)	vyděrač (m)	[vɪderatʃ]
extorsão	vyděračství (s)	[vɪderatʃstvi:]
(em troca de proteção)		
extorsionário (m)	vyděrač (m)	[vɪderatʃ]
gângster (m)	gangster (m)	[gangstɛr]
máfia (f)	mafie (ž)	[mafɪe]

carteirista (m)	kapsář (m)	[kapsa:rʃ]
assaltante, ladrão (m)	kasař (m)	[kasarʃ]
contrabando (m)	pašování (s)	[paʃova:ni:]
contrabandista (m)	pašerák (m)	[paʃɛra:k]

falsificação (f)	padělání (s)	[padela:ni:]
falsificar (vt)	padělat	[padelat]
falsificado	padělaný	[padelani:]

119. Viloação da lei. Criminosos. Parte 2

violação (f)	znásilnění (s)	[zna:sɪlneni:]
violar (vt)	znásilnit	[zna:sɪlnɪt]
violador (m)	násilník (m)	[na:sɪlni:k]
maníaco (m)	maniak (m)	[manɪak]

prostituta (f)	prostitutka (ž)	[prostɪtutka]
prostituição (f)	prostituce (ž)	[prostɪtutsɛ]
chulo (m)	kuplíř (m)	[kupli:rʃ]

toxicodependente (m)	narkoman (m)	[narkoman]
traficante (m)	drogový dealer (m)	[drogovi: di:lɛr]

explodir (vt)	vyhodit do povětří	[vɪhodɪt do povetrʃi:]
explosão (f)	výbuch (m)	[vi:bux]
incendiar (vt)	zapálit	[zapa:lɪt]
incendiário (m)	žhář (m)	[ʒha:rʃ]

terrorismo (m)	terorismus (m)	[tɛrorɪzmus]
terrorista (m)	terorista (m)	[tɛrorɪsta]
refém (m)	rukojmí (m)	[rukojmi:]

enganar (vt)	oklamat	[oklamat]
engano (m)	podvod (m)	[podvot]
vigarista (m)	podvodník (m)	[podvodni:k]

subornar (vt)	podplatit	[potplatɪt]
suborno (atividade)	podplácení (s)	[potpla:tsɛni:]
suborno (dinheiro)	úplatek (m)	[u:platɛk]

veneno (m)	jed (m)	[jɛt]
envenenar (vt)	otrávit	[otra:vɪt]
envenenar-se (vr)	otrávit se	[otra:vɪt sɛ]

suicídio (m)	sebevražda (ž)	[sɛbɛvraʒda]
suicida (m)	sebevrah (m)	[sɛbɛvrax]
ameaçar (vt)	vyhrožovat	[vɪhroʒovat]

ameaça (f)	vyhrůžka (ž)	[vɪhru:ʃka]
atentar contra a vida de ...	páchat atentát	[pa:xat atenta:t]
atentado (m)	atentát (m)	[atɛnta:t]
roubar (o carro)	unést	[unɛ:st]
desviar (o avião)	unést	[unɛ:st]
vingança (f)	pomsta (ž)	[pomsta]
vingar (vt)	mstít se	[msti:t sɛ]
torturar (vt)	mučit	[mutʃɪt]
tortura (f)	mučení (s)	[mutʃɛni:]
atormentar (vt)	trápit	[tra:pɪt]
pirata (m)	pirát (m)	[pɪra:t]
desordeiro (m)	chuligán (m)	[xulɪga:n]
armado	ozbrojený	[ozbrojɛni:]
violência (f)	násilí (s)	[na:sɪli:]
espionagem (f)	špionáž (ž)	[ʃpɪona:ʃ]
espionar (vi)	špehovat	[ʃpɛhovat]

120. Polícia. Lei. Parte 1

justiça (f)	justice (ž)	[justitsɛ]
tribunal (m)	soud (m)	[sout]
juiz (m)	soudce (m)	[soudtsɛ]
jurados (m pl)	porotci (m mn)	[porottsɪ]
tribunal (m) do júri	porota (ž)	[porota]
julgar (vt)	soudit	[soudɪt]
advogado (m)	advokát (m)	[advoka:t]
réu (m)	obžalovaný (m)	[obʒalovani:]
banco (m) dos réus	lavice (ž) obžalovaných	[lavɪtsɛ obʒalovani:x]
acusação (f)	žaloba (ž)	[ʒaloba]
acusado (m)	obžalovaný (m)	[obʒalovani:]
sentença (f)	rozsudek (m)	[rozsudɛk]
sentenciar (vt)	odsoudit	[otsoudɪt]
culpado (m)	viník (m)	[vɪni:k]
punir (vt)	potrestat	[potrɛstat]
punição (f)	trest (m)	[trɛst]
multa (f)	pokuta (ž)	[pokuta]
prisão (f) perpétua	doživotní vězení (s)	[doʒɪvotni: vezɛni:]
pena (f) de morte	trest (m) smrti	[trɛst smrtɪ]
cadeira (f) elétrica	elektrické křeslo (s)	[ɛlɛktrɪtskɛ: krʃɛslo]
forca (f)	šibenice (ž)	[ʃɪbɛnɪtsɛ]
executar (vt)	popravit	[popravɪt]
execução (f)	poprava (ž)	[poprava]

| prisão (f) | vězení (s) | [vezɛniː] |
| cela (f) de prisão | cela (ž) | [tsɛla] |

escolta (f)	ozbrojený doprovod (m)	[ozbrojɛni: doprovot]
guarda (m) prisional	dozorce (m)	[dozortsɛ]
preso (m)	vězeň (m)	[vezɛnʲ]

| algemas (f pl) | pouta (s mn) | [pouta] |
| algemar (vt) | nasadit pouta | [nasadɪt pouta] |

fuga, evasão (f)	útěk (m)	[uːtek]
fugir (vi)	uprchnout	[uprxnout]
desaparecer (vi)	zmizet	[zmɪzɛt]
soltar, libertar (vt)	propustit	[propustɪt]
amnistia (f)	amnestie (ž)	[amnɛstɪe]

polícia (instituição)	policie (ž)	[polɪtsɪe]
polícia (m)	policista (m)	[polɪtsɪsta]
esquadra (f) de polícia	policejní stanice (ž)	[polɪtsɛjni: stanɪtsɛ]
cassetete (m)	gumový obušek (m)	[gumovi: obuʃɛk]
megafone (m)	hlásná trouba (ž)	[hlaːsna: trouba]

carro (m) de patrulha	policejní vůz (m)	[polɪtsɛjni: vuːz]
sirene (f)	houkačka (ž)	[houkatʃka]
ligar a sirene	zapnout houkačku	[zapnout houkatʃku]
toque (m) da sirene	houkání (s)	[houkaːniː]

cena (f) do crime	místo (s) činu	[miːsto tʃɪnu]
testemunha (f)	svědek (m)	[svedɛk]
liberdade (f)	svoboda (ž)	[svoboda]
cúmplice (m)	spolupachatel (m)	[spolupaxatɛl]
escapar (vi)	zmizet	[zmɪzɛt]
traço (não deixar ~s)	stopa (ž)	[stopa]

121. Polícia. Lei. Parte 2

procura (f)	pátrání (s)	[paːtraːniː]
procurar (vt)	pátrat	[paːtrat]
suspeita (f)	podezření (s)	[podɛzrʒɛniː]
suspeito	podezřelý	[podɛzrʒɛliː]
parar (vt)	zastavit	[zastavɪt]
deter (vt)	zadržet	[zadrʒet]

caso (criminal)	případ (m)	[prʃiːpat]
investigação (f)	vyšetřování (s)	[vɪʃetrʃovaːniː]
detetive (m)	detektiv (m)	[dɛtɛktɪf]
investigador (m)	vyšetřovatel (m)	[vɪʃetrʃovatɛl]
versão (f)	verze (ž)	[vɛrzɛ]

motivo (m)	motiv (m)	[motɪf]
interrogatório (m)	výslech (m)	[viːslɛx]
interrogar (vt)	vyslýchat	[vɪsliːxat]
questionar (vt)	vyslýchat	[vɪsliːxat]
verificação (f)	kontrola (ž)	[kontrola]

batida (f) policial	zátah (m)	[zaːtax]
busca (f)	prohlídka (ž)	[prohliːtka]
perseguição (f)	stíhání (s)	[stiːhaːniː]
perseguir (vt)	pronásledovat	[pronaːslɛdovat]
seguir (vt)	sledovat	[slɛdovat]

prisão (f)	zatčení (s)	[zatʃɛniː]
prender (vt)	zatknout	[zatknout]
pegar, capturar (vt)	chytit	[xɪtɪt]
captura (f)	chycení (s)	[xɪtsɛniː]

documento (m)	dokument (m)	[dokumɛnt]
prova (f)	důkaz (m)	[duːkaz]
provar (vt)	dokazovat	[dokazovat]
pegada (f)	stopa (ž)	[stopa]
impressões (f pl) digitais	otisky (m mn) prstů	[otɪskɪ prstuː]
prova (f)	důkaz (m)	[duːkaz]

álibi (m)	alibi (s)	[alɪbɪ]
inocente	nevinný	[nɛvɪnniː]
injustiça (f)	nespravedlivost (ž)	[nɛspravɛdlɪvost]
injusto	nespravedlivý	[nɛspraːvɛdlɪviː]

criminal	kriminální	[krɪmɪnaːlniː]
confiscar (vt)	konfiskovat	[konfɪskovat]
droga (f)	droga (ž)	[droga]
arma (f)	zbraň (ž)	[zbranʲ]
desarmar (vt)	odzbrojit	[odzbrojɪt]
ordenar (vt)	rozkazovat	[roskazovat]
desaparecer (vi)	zmizet	[zmɪzɛt]

lei (f)	zákon (m)	[zaːkon]
legal	zákonný	[zaːkonniː]
ilegal	nezákonný	[nɛzaːkonniː]

| responsabilidade (f) | odpovědnost (ž) | [otpovednost] |
| responsável | odpovědný | [otpovedniː] |

NATUREZA

A Terra. Parte 1

122. Espaço sideral

cosmos (m)	kosmos (m)	[kosmos]
cósmico	kosmický	[kosmɪtski:]
espaço (m) cósmico	kosmický prostor (m)	[kosmɪtski: prostor]
mundo, universo (m)	vesmír (m)	[vɛsmi:r]
galáxia (f)	galaxie (ž)	[galaksɪe]
estrela (f)	hvězda (ž)	[hvezda]
constelação (f)	souhvězdí (s)	[souhvezdi:]
planeta (m)	planeta (ž)	[planɛta]
satélite (m)	družice (ž)	[druʒɪtsɛ]
meteorito (m)	meteorit (m)	[mɛtɛorɪt]
cometa (m)	kometa (ž)	[komɛta]
asteroide (m)	asteroid (m)	[astɛroɪt]
órbita (f)	oběžná dráha (ž)	[obeʒna: dra:ha]
girar (vi)	otáčet se	[ota:tʃɛt sɛ]
atmosfera (f)	atmosféra (ž)	[atmosfɛ:ra]
Sol (m)	Slunce (s)	[sluntsɛ]
Sistema (m) Solar	sluneční soustava (ž)	[slunɛtʃni: soustava]
eclipse (m) solar	sluneční zatmění (s)	[slunɛtʃni: zatmneni:]
Terra (f)	Země (ž)	[zɛmnɛ]
Lua (f)	Měsíc (m)	[mnesi:ts]
Marte (m)	Mars (m)	[mars]
Vénus (f)	Venuše (ž)	[vɛnuʃɛ]
Júpiter (m)	Jupiter (m)	[jupɪtɛr]
Saturno (m)	Saturn (m)	[saturn]
Mercúrio (m)	Merkur (m)	[mɛrkur]
Urano (m)	Uran (m)	[uran]
Neptuno (m)	Neptun (m)	[nɛptun]
Plutão (m)	Pluto (s)	[pluto]
Via Láctea (f)	Mléčná dráha (ž)	[mlɛ:tʃna: dra:ha]
Ursa Maior (f)	Velká medvědice (ž)	[vɛlka: mɛdvedɪtsɛ]
Estrela Polar (f)	Polárka (ž)	[pola:rka]
marciano (m)	Marťan (m)	[marťan]
extraterrestre (m)	mimozemšťan (m)	[mɪmozɛmʃťan]

T&P Books. Vocabulário Português-Checo - 5000 palavras

alienígena (m)	vetřelec (m)	[vɛtr̝ʃɛlɛts]
disco (m) voador	létající talíř (m)	[lɛ:taji:tsi: tali:r̝ʃ]

nave (f) espacial	kosmická loď (ž)	[kosmɪtska: lotʲ]
estação (f) orbital	orbitální stanice (ž)	[orbɪta:lni: stanɪtsɛ]
lançamento (m)	start (m)	[start]

motor (m)	motor (m)	[motor]
bocal (m)	tryska (ž)	[trɪska]
combustível (m)	palivo (s)	[palɪvo]

cabine (f)	kabina (ž)	[kabɪna]
antena (f)	anténa (ž)	[antɛ:na]
vigia (f)	okénko (s)	[okɛ:ŋko]
bateria (f) solar	sluneční baterie (ž)	[slunɛtʃni: batɛrɪe]
traje (m) espacial	skafandr (m)	[skafandr]

imponderabilidade (f)	beztížný stav (m)	[bɛzti:ʒni: staf]
oxigénio (m)	kyslík (m)	[kɪsli:k]

acoplagem (f)	spojení (s)	[spojɛni:]
fazer uma acoplagem	spojovat se	[spojovat sɛ]

observatório (m)	observatoř (ž)	[opsɛrvator̝ʃ]
telescópio (m)	teleskop (m)	[tɛlɛskop]
observar (vt)	pozorovat	[pozorovat]
explorar (vt)	zkoumat	[skoumat]

123. A Terra

Terra (f)	Země (ž)	[zɛmnɛ]
globo terrestre (Terra)	zeměkoule (ž)	[zɛmnekoulɛ]
planeta (m)	planeta (ž)	[planɛta]

atmosfera (f)	atmosféra (ž)	[atmosfɛ:ra]
geografia (f)	zeměpis (m)	[zɛmnepɪs]
natureza (f)	příroda (ž)	[pr̝ʃi:roda]

globo (mapa esférico)	glóbus (m)	[glo:bus]
mapa (m)	mapa (ž)	[mapa]
atlas (m)	atlas (m)	[atlas]

Europa (f)	Evropa (ž)	[ɛvropa]
Ásia (f)	Asie (ž)	[azɪe]

África (f)	Afrika (ž)	[afrɪka]
Austrália (f)	Austrálie (ž)	[austra:lɪe]

América (f)	Amerika (ž)	[amɛrɪka]
América (f) do Norte	Severní Amerika (ž)	[sɛvɛrni: amɛrɪka]
América (f) do Sul	Jižní Amerika (ž)	[jɪʒni: amɛrɪka]

Antártida (f)	Antarktida (ž)	[antarkti:da]
Ártico (m)	Arktida (ž)	[arktɪda]

124. Pontos cardeais

norte (m)	sever (m)	[sɛvɛr]
para norte	na sever	[na sɛvɛr]
no norte	na severu	[na sɛvɛru]
do norte	severní	[sɛvɛrni:]

sul (m)	jih (m)	[jɪx]
para sul	na jih	[na jɪx]
no sul	na jihu	[na jɪhu]
do sul	jižní	[jɪʒni:]

oeste, ocidente (m)	západ (m)	[za:pat]
para oeste	na západ	[na za:pat]
no oeste	na západě	[na za:pade]
ocidental	západní	[za:padni:]

leste, oriente (m)	východ (m)	[vi:xot]
para leste	na východ	[na vi:xot]
no leste	na východě	[na vi:xode]
oriental	východní	[vi:xodni:]

125. Mar. Oceano

mar (m)	moře (s)	[morʒɛ]
oceano (m)	oceán (m)	[otsɛa:n]
golfo (m)	záliv (m)	[za:lɪf]
estreito (m)	průliv (m)	[pru:lɪf]

continente (m)	pevnina (ž)	[pɛvnɪna]
ilha (f)	ostrov (m)	[ostrof]
península (f)	poloostrov (m)	[poloostrof]
arquipélago (m)	souostroví (s)	[souostrovi:]

baía (f)	zátoka (ž)	[za:toka]
porto (m)	přístav (m)	[prʃi:staf]
lagoa (f)	laguna (ž)	[lagu:na]
cabo (m)	mys (m)	[mɪs]

atol (m)	atol (m)	[atol]
recife (m)	útes (m)	[u:tɛs]
coral (m)	korál (m)	[kora:l]
recife (m) de coral	korálový útes (m)	[kora:lovi: u:tɛs]

profundo	hluboký	[hluboki:]
profundidade (f)	hloubka (ž)	[hloupka]
abismo (m)	hlubina (ž)	[hlubɪna]
fossa (f) oceânica	prohlubeň (ž)	[prohlubɛnʲ]

corrente (f)	proud (m)	[prout]
banhar (vt)	omývat	[omi:vat]
litoral (m)	břeh (m)	[brʒɛx]
costa (f)	pobřeží (s)	[pobrʒɛʒi:]

maré (f) alta	příliv (m)	[prʃiːlɪʃ]
refluxo (m), maré (f) baixa	odliv (m)	[odlɪʃ]
restinga (f)	mělčina (ž)	[mnelʧɪna]
fundo (m)	dno (s)	[dno]

onda (f)	vlna (ž)	[vlna]
crista (f) da onda	hřbet (m) vlny	[hrʒbɛt vlnɪ]
espuma (f)	pěna (ž)	[pena]

tempestade (f)	bouřka (ž)	[bourʃka]
furacão (m)	hurikán (m)	[hurɪkaːn]
tsunami (m)	tsunami (s)	[tsunamɪ]
calmaria (f)	bezvětří (s)	[bɛzvetrʃiː]
calmo	klidný	[klɪdniː]

| polo (m) | pól (m) | [poːl] |
| polar | polární | [polaːrniː] |

latitude (f)	šířka (ž)	[ʃiːrʃka]
longitude (f)	délka (ž)	[dɛːlka]
paralela (f)	rovnoběžka (ž)	[rovnobeʃka]
equador (m)	rovník (m)	[rovniːk]

céu (m)	obloha (ž)	[obloha]
horizonte (m)	horizont (m)	[horɪzont]
ar (m)	vzduch (m)	[vzdux]

farol (m)	maják (m)	[majaːk]
mergulhar (vi)	potápět se	[potaːpet sɛ]
afundar-se (vr)	potopit se	[potopɪt sɛ]
tesouros (m pl)	bohatství (s)	[bohatstviː]

126. Nomes de Mares e Oceanos

Oceano (m) Atlântico	Atlantický oceán (m)	[atlantɪtski: otsɛaːn]
Oceano (m) Índico	Indický oceán (m)	[ɪndɪtski: otsɛaːn]
Oceano (m) Pacífico	Tichý oceán (m)	[tɪxi: otsɛaːn]
Oceano (m) Ártico	Severní ledový oceán (m)	[sɛvɛrni: lɛdoviː otsɛaːn]

Mar (m) Negro	Černé moře (s)	[ʧɛrnɛː morʒɛ]
Mar (m) Vermelho	Rudé moře (s)	[rudɛː morʒɛ]
Mar (m) Amarelo	Žluté moře (s)	[ʒlutɛː morʒɛ]
Mar (m) Branco	Bílé moře (s)	[biːlɛː morʒɛ]

Mar (m) Cáspio	Kaspické moře (s)	[kaspɪtskɛː morʒɛ]
Mar (m) Morto	Mrtvé moře (s)	[mrtvɛː morʒɛ]
Mar (m) Mediterrâneo	Středozemní moře (s)	[strʃedozɛmni: morʒɛ]

| Mar (m) Egeu | Egejské moře (s) | [ɛgɛjskɛː morʒɛ] |
| Mar (m) Adriático | Jaderské moře (s) | [jadɛrskɛː morʒɛ] |

Mar (m) Arábico	Arabské moře (s)	[arapskɛː morʒɛ]
Mar (m) do Japão	Japonské moře (o)	[japonskɛː morʒɛ]
Mar (m) de Bering	Beringovo moře (s)	[bɛrɪngovo morʒɛ]

Mar (m) da China Meridional	Jihočínské moře (s)	[jɪhotʃiːnskɛː morʒɛ]
Mar (m) de Coral	Korálové moře (s)	[koraːlovɛː morʒɛ]
Mar (m) de Tasman	Tasmanovo moře (s)	[tasmanovo morʒɛ]
Mar (m) do Caribe	Karibské moře (s)	[karɪpskɛː morʒɛ]

| Mar (m) de Barents | Barentsovo moře (s) | [barɛntsovo morʒɛ] |
| Mar (m) de Kara | Karské moře (s) | [karskɛː morʒɛ] |

Mar (m) do Norte	Severní moře (s)	[sɛvɛrniː morʒɛ]
Mar (m) Báltico	Baltské moře (s)	[baltskɛː morʒɛ]
Mar (m) da Noruega	Norské moře (s)	[norskɛː morʒɛ]

127. Montanhas

montanha (f)	hora (ž)	[hora]
cordilheira (f)	horské pásmo (s)	[horskɛː paːsmo]
serra (f)	horský hřbet (m)	[horski: hrʒbɛt]

cume (m)	vrchol (m)	[vrxol]
pico (m)	štít (m)	[ʃtiːt]
sopé (m)	úpatí (s)	[uːpatiː]
declive (m)	svah (m)	[svax]

vulcão (m)	sopka (ž)	[sopka]
vulcão (m) ativo	činná sopka (ž)	[tʃɪnnaː sopka]
vulcão (m) extinto	vyhaslá sopka (ž)	[vɪhaslaː sopka]

erupção (f)	výbuch (m)	[viːbux]
cratera (f)	kráter (m)	[kraːtɛr]
magma (m)	magma (ž)	[magma]
lava (f)	láva (ž)	[laːva]
fundido (lava ~a)	rozžhavený	[rozʒhavɛniː]
desfiladeiro (m)	kaňon (m)	[kanʲon]
garganta (f)	soutěska (ž)	[souteska]
fenda (f)	rozsedlina (ž)	[rozsɛdlɪna]

passo, colo (m)	průsmyk (m)	[pruːsmɪk]
planalto (m)	plató (s)	[platoː]
falésia (f)	skála (ž)	[skaːla]
colina (f)	kopec (m)	[kopɛts]

glaciar (m)	ledovec (m)	[lɛdovɛts]
queda (f) d'água	vodopád (m)	[vodopaːt]
géiser (m)	vřídlo (s)	[vrʒiːdlo]
lago (m)	jezero (s)	[jɛzɛro]

planície (f)	rovina (ž)	[rovɪna]
paisagem (f)	krajina (ž)	[krajɪna]
eco (m)	ozvěna (ž)	[ozvena]

alpinista (m)	horolezec (m)	[horolɛzɛts]
escalador (m)	horolezec (m)	[horolɛzɛts]
conquistar (vt)	dobývat	[dobiːvat]
subida, escalada (f)	výstup (m)	[viːstup]

128. Nomes de montanhas

Alpes (m pl)	Alpy (mn)	[alpɪ]
monte Branco (m)	Mont Blanc (m)	[monblaŋ]
Pirineus (m pl)	Pyreneje (mn)	[pɪrɛnɛjɛ]
Cárpatos (m pl)	Karpaty (mn)	[karpatɪ]
montes (m pl) Urais	Ural (m)	[ural]
Cáucaso (m)	Kavkaz (m)	[kafkaz]
Elbrus (m)	Elbrus (m)	[ɛlbrus]
Altai (m)	Altaj (m)	[altaj]
Tian Shan (m)	Ťan-šan (ž)	[tʲan-ʃan]
Pamir (m)	Pamír (m)	[pamiːr]
Himalaias (m pl)	Himaláje (mn)	[hɪmalaːjɛ]
monte (m) Everest	Mount Everest (m)	[mount ɛvɛrɛst]
Cordilheira (f) dos Andes	Andy (mn)	[andɪ]
Kilimanjaro (m)	Kilimandžáro (s)	[kɪlɪmandʒaːro]

129. Rios

rio (m)	řeka (ž)	[rʒɛka]
fonte, nascente (f)	pramen (m)	[pramɛn]
leito (m) do rio	koryto (s)	[korɪto]
bacia (f)	povodí (s)	[povodiː]
desaguar no ...	vlévat se	[vlɛːvat sɛ]
afluente (m)	přítok (m)	[prʃiːtok]
margem (do rio)	břeh (m)	[brʒɛx]
corrente (f)	proud (m)	[prout]
rio abaixo	po proudu	[po proudu]
rio acima	proti proudu	[protɪ proudu]
inundação (f)	povodeň (ž)	[povodɛnʲ]
cheia (f)	záplava (ž)	[zaːplava]
transbordar (vi)	rozlévat se	[rozlɛːvat sɛ]
inundar (vt)	zaplavovat	[zaplavovat]
banco (m) de areia	mělčina (ž)	[mnɛltʃɪna]
rápidos (m pl)	peřej (ž)	[pɛrʒɛj]
barragem (f)	přehrada (ž)	[prʃɛhrada]
canal (m)	průplav (m)	[pruːplaf]
reservatório (m) de água	vodní nádrž (ž)	[vodniː naːdrʃ]
eclusa (f)	zdymadlo (s)	[zdɪmadlo]
corpo (m) de água	vodojem (m)	[vodojɛm]
pântano (m)	bažina (ž)	[baʒɪna]
tremedal (m)	slať (ž)	[slatʲ]
remoinho (m)	vír (m)	[viːr]
arroio, regato (m)	potok (m)	[potok]

potável	pitný	[pɪtni:]
doce (água)	sladký	[slatki:]
gelo (m)	led (m)	[lɛt]
congelar-se (vr)	zamrznout	[zamrznout]

130. Nomes de rios

rio Sena (m)	Seina (ž)	[se:na]
rio Loire (m)	Loira (ž)	[loa:ra]
rio Tamisa (m)	Temže (ž)	[tɛmʒe]
rio Reno (m)	Rýn (m)	[ri:n]
rio Danúbio (m)	Dunaj (m)	[dunaj]
rio Volga (m)	Volha (ž)	[volha]
rio Don (m)	Don (m)	[don]
rio Lena (m)	Lena (ž)	[lɛna]
rio Amarelo (m)	Chuang-chež (ž)	[xuan-xɛ]
rio Yangtzé (m)	Jang-c'-ťiang (ž)	[jang-tsɛ-tʲang]
rio Mekong (m)	Mekong (m)	[mɛkong]
rio Ganges (m)	Ganga (ž)	[ganga]
rio Nilo (m)	Nil (m)	[nɪl]
rio Congo (m)	Kongo (s)	[kongo]
rio Cubango (m)	Okavango (s)	[okavango]
rio Zambeze (m)	Zambezi (ž)	[zambɛzɪ]
rio Limpopo (m)	Limpopo (s)	[lɪmpopo]
rio Mississípi (m)	Mississippi (ž)	[mɪsɪsɪpɪ]

131. Floresta

floresta (f), bosque (m)	les (m)	[lɛs]
florestal	lesní	[lɛsni:]
mata (f) cerrada	houština (ž)	[houʃtɪna]
arvoredo (m)	háj (m)	[ha:j]
clareira (f)	mýtina (ž)	[mi:tɪna]
matagal (m)	houští (s)	[houʃti:]
mato (m)	křoví (s)	[krʃovi:]
vereda (f)	stezka (ž)	[stɛska]
ravina (f)	rokle (ž)	[roklɛ]
árvore (f)	strom (m)	[strom]
folha (f)	list (m)	[lɪst]
folhagem (f)	listí (s)	[lɪsti:]
queda (f) das folhas	padání (s) listí	[pada:ni: lɪsti:]
cair (vi)	opadávat	[opada:vat]

topo (m)	vrchol (m)	[vrxol]
ramo (m)	větev (ž)	[vetɛʃ]
galho (m)	suk (m)	[suk]
botão, rebento (m)	pupen (m)	[pupɛn]
agulha (f)	jehla (ž)	[jɛhla]
pinha (f)	šiška (ž)	[ʃɪʃka]

buraco (m) de árvore	dutina (ž)	[dutɪna]
ninho (m)	hnízdo (s)	[hni:zdo]
toca (f)	doupě (s)	[doupe]

tronco (m)	kmen (m)	[kmɛn]
raiz (f)	kořen (m)	[korʒɛn]
casca (f) de árvore	kůra (ž)	[ku:ra]
musgo (m)	mech (m)	[mɛx]

arrancar pela raiz	klučit	[klutʃɪt]
cortar (vt)	kácet	[ka:tsɛt]
desflorestar (vt)	odlesnit	[odlesnɪt]
toco, cepo (m)	pařez (m)	[parʒɛz]

fogueira (f)	oheň (m)	[ohɛnʲ]
incêndio (m) florestal	požár (m)	[poʒa:r]
apagar (vt)	hasit	[hasɪt]

guarda-florestal (m)	hajný (m)	[hajni:]
proteção (f)	ochrana (ž)	[oxrana]
proteger (a natureza)	chránit	[xra:nɪt]
caçador (m) furtivo	pytlák (m)	[pɪtla:k]
armadilha (f)	past (ž)	[past]

colher (cogumelos, bagas)	sbírat	[zbi:rat]
perder-se (vr)	zabloudit	[zabloudɪt]

132. Recursos naturais

recursos (m pl) naturais	přírodní zdroje (m mn)	[prʃi:rodni: zdrojɛ]
minerais (m pl)	užitkové nerosty (m mn)	[uʒɪtkovɛ: nɛrostɪ]
depósitos (m pl)	ložisko (s)	[loʒɪsko]
jazida (f)	naleziště (s)	[nalezɪʃte]

extrair (vt)	dobývat	[dobi:vat]
extração (f)	těžba (ž)	[teʒba]
minério (m)	ruda (ž)	[ruda]
mina (f)	důl (m)	[du:l]
poço (m) de mina	šachta (ž)	[ʃaxta]
mineiro (m)	horník (m)	[horni:k]

gás (m)	plyn (m)	[plɪn]
gasoduto (m)	plynovod (m)	[plɪnovot]

petróleo (m)	ropa (ž)	[ropa]
oleoduto (m)	ropovod (m)	[ropovot]
poço (m) de petróleo	ropová věž (ž)	[ropova: veʃ]

torre (f) petrolífera	vrtná věž (ž)	[vrtna: veʃ]
petroleiro (m)	tanková loď (ž)	[taŋkova: loti]
areia (f)	písek (m)	[pi:sɛk]
calcário (m)	vápenec (m)	[va:pɛnɛts]
cascalho (m)	štěrk (m)	[ʃterk]
turfa (f)	rašelina (ž)	[raʃɛlɪna]
argila (f)	hlína (ž)	[hli:na]
carvão (m)	uhlí (s)	[uhli:]
ferro (m)	železo (s)	[ʒelɛzo]
ouro (m)	zlato (s)	[zlato]
prata (f)	stříbro (s)	[strʃi:bro]
níquel (m)	nikl (m)	[nɪkl]
cobre (m)	měď (ž)	[mneti]
zinco (m)	zinek (m)	[zɪnɛk]
manganês (m)	mangan (m)	[mangan]
mercúrio (m)	rtuť (ž)	[rtuti]
chumbo (m)	olovo (s)	[olovo]
mineral (m)	minerál (m)	[mɪnɛra:l]
cristal (m)	krystal (m)	[krɪstal]
mármore (m)	mramor (m)	[mramor]
urânio (m)	uran (m)	[uran]

A Terra. Parte 2

133. Tempo

tempo (m)	počasí (s)	[potʃasi:]
previsão (f) do tempo	předpověď (ž) počasí	[prʃɛtpovetⁱ potʃasi:]
temperatura (f)	teplota (ž)	[tɛplota]
termómetro (m)	teploměr (m)	[tɛplomner]
barómetro (m)	barometr (m)	[baromɛtr]
humidade (f)	vlhkost (ž)	[vlxkost]
calor (m)	horko (s)	[horko]
cálido	horký	[horki:]
está muito calor	horko	[horko]
está calor	teplo	[tɛplo]
quente	teplý	[tɛpli:]
está frio	je zima	[jɛ zɪma]
frio	studený	[studɛni:]
sol (m)	slunce (s)	[sluntsɛ]
brilhar (vi)	svítit	[svi:tɪt]
de sol, ensolarado	sluneční	[slunɛtʃni:]
nascer (vi)	vzejít	[vzɛji:t]
pôr-se (vr)	zapadnout	[zapadnout]
nuvem (f)	mrak (m)	[mrak]
nublado	oblačný	[oblatʃni:]
nuvem (f) preta	mračno (s)	[mratʃno]
escuro, cinzento	pochmurný	[poxmurni:]
chuva (f)	déšť (m)	[dɛ:ʃtⁱ]
está a chover	prší	[prʃi:]
chuvoso	deštivý	[dɛʃtɪvi:]
chuviscar (vi)	mrholit	[mrholɪt]
chuva (f) torrencial	liják (m)	[lɪja:k]
chuvada (f)	liják (m)	[lɪja:k]
forte (chuva)	silný	[sɪlni:]
poça (f)	kaluž (ž)	[kaluʃ]
molhar-se (vr)	moknout	[moknout]
nevoeiro (m)	mlha (ž)	[mlha]
de nevoeiro	mlhavý	[mlhavi:]
neve (f)	sníh (m)	[sni:x]
está a nevar	sněží	[snɛʒi:]

134. Tempo extremo. Catástrofes naturais

trovoada (f)	bouřka (ž)	[bourʃka]
relâmpago (m)	blesk (m)	[blɛsk]
relampejar (vi)	blýskat se	[bli:skat sɛ]
trovão (m)	hřmění (s)	[hrʒmneni:]
trovejar (vi)	hřmít	[hrʒmi:t]
está a trovejar	hřmí	[hrʒmi:]
granizo (m)	kroupy (ž mn)	[kroupɪ]
está a cair granizo	padají kroupy	[padaji: kroupɪ]
inundar (vt)	zaplavit	[zaplavɪt]
inundação (f)	povodeň (ž)	[povodɛnʲ]
terremoto (m)	zemětřesení (s)	[zɛmnetrʃɛsɛni:]
abalo, tremor (m)	otřes (m)	[otrʃɛs]
epicentro (m)	epicentrum (s)	[ɛpɪtsɛntrum]
erupção (f)	výbuch (m)	[vi:bux]
lava (f)	láva (ž)	[la:va]
turbilhão (m)	smršť (ž)	[smrʃtʲ]
tornado (m)	tornádo (s)	[torna:do]
tufão (m)	tajfun (m)	[tajfun]
furacão (m)	hurikán (m)	[hurɪka:n]
tempestade (f)	bouřka (ž)	[bourʃka]
tsunami (m)	tsunami (s)	[tsunamɪ]
ciclone (m)	cyklón (m)	[tsiklo:n]
mau tempo (m)	nečas (m)	[nɛtʃas]
incêndio (m)	požár (m)	[poʒa:r]
catástrofe (f)	katastrofa (ž)	[katastrofa]
meteorito (m)	meteorit (m)	[mɛtɛorɪt]
avalanche (f)	lavina (ž)	[lavɪna]
deslizamento (m) de neve	lavina (ž)	[lavɪna]
nevasca (f)	metelice (ž)	[mɛtɛlɪtsɛ]
tempestade (f) de neve	vánice (ž)	[va:nɪtsɛ]

Fauna

135. Mamíferos. Predadores

predador (m)	šelma (ž)	[ʃɛlma]
tigre (m)	tygr (m)	[tɪgr]
leão (m)	lev (m)	[lɛf]
lobo (m)	vlk (m)	[vlk]
raposa (f)	liška (ž)	[lɪʃka]
jaguar (m)	jaguár (m)	[jagua:r]
leopardo (m)	levhart (m)	[lɛvhart]
chita (f)	gepard (m)	[gɛpart]
pantera (f)	panter (m)	[pantɛr]
puma (m)	puma (ž)	[puma]
leopardo-das-neves (m)	pardál (m)	[parda:l]
lince (m)	rys (m)	[rɪs]
coiote (m)	kojot (m)	[kojot]
chacal (m)	šakal (m)	[ʃakal]
hiena (f)	hyena (ž)	[hɪena]

136. Animais selvagens

animal (m)	zvíře (s)	[zvi:rʒɛ]
besta (f)	zvíře (s)	[zvi:rʒɛ]
esquilo (m)	veverka (ž)	[vɛvɛrka]
ouriço (m)	ježek (m)	[jɛʒek]
lebre (f)	zajíc (m)	[zaji:ts]
coelho (m)	králík (m)	[kra:li:k]
texugo (m)	jezevec (m)	[jɛzɛvɛts]
guaxinim (m)	mýval (m)	[mi:val]
hamster (m)	křeček (m)	[krʃɛtʃɛk]
marmota (f)	svišť (m)	[svɪʃtʲ]
toupeira (f)	krtek (m)	[krtɛk]
rato (m)	myš (ž)	[mɪʃ]
ratazana (f)	krysa (ž)	[krɪsa]
morcego (m)	netopýr (m)	[nɛtopi:r]
arminho (m)	hranostaj (m)	[hranostaj]
zibelina (f)	sobol (m)	[sobol]
marta (f)	kuna (ž)	[kuna]
doninha (f)	lasice (ž)	[lasɪtsɛ]
vison (m)	norek (m)	[norɛk]

| castor (m) | bobr (m) | [bobr] |
| lontra (f) | vydra (ž) | [vɪdra] |

cavalo (m)	kůň (m)	[kuːnʲ]
alce (m)	los (m)	[los]
veado (m)	jelen (m)	[jɛlɛn]
camelo (m)	velbloud (m)	[vɛlblout]

bisão (m)	bizon (m)	[bɪzon]
auroque (m)	zubr (m)	[zubr]
búfalo (m)	buvol (m)	[buvol]

zebra (f)	zebra (ž)	[zɛbra]
antílope (m)	antilopa (ž)	[antɪlopa]
corça (f)	srnka (ž)	[srŋka]
gamo (m)	daněk (m)	[danek]
camurça (f)	kamzík (m)	[kamziːk]
javali (m)	vepř (m)	[vɛprʃ]

baleia (f)	velryba (ž)	[vɛlrɪba]
foca (f)	tuleň (m)	[tulɛnʲ]
morsa (f)	mrož (m)	[mroʃ]
urso-marinho (m)	lachtan (m)	[laxtan]
golfinho (m)	delfín (m)	[dɛlfiːn]

urso (m)	medvěd (m)	[mɛdvet]
urso (m) branco	bílý medvěd (m)	[biːliː mɛdvet]
panda (m)	panda (ž)	[panda]

macaco (em geral)	opice (ž)	[opɪtsɛ]
chimpanzé (m)	šimpanz (m)	[ʃɪmpanz]
orangotango (m)	orangutan (m)	[orangutan]
gorila (m)	gorila (ž)	[gorɪla]
macaco (m)	makak (m)	[makak]
gibão (m)	gibon (m)	[gɪbon]

elefante (m)	slon (m)	[slon]
rinoceronte (m)	nosorožec (m)	[nosoroʒets]
girafa (f)	žirafa (ž)	[ʒɪrafa]
hipopótamo (m)	hroch (m)	[hrox]

| canguru (m) | klokan (m) | [klokan] |
| coala (m) | koala (ž) | [koala] |

mangusto (m)	promyka (ž) indická	[promɪka ɪndɪtskaː]
chinchila (m)	činčila (ž)	[tʃɪntʃɪla]
doninha-fedorenta (f)	skunk (m)	[skuŋk]
porco-espinho (m)	dikobraz (m)	[dɪkobras]

137. Animais domésticos

gata (f)	kočka (ž)	[kotʃka]
gato (m) macho	kocour (m)	[kotsour]
cão (m)	pes (m)	[pɛs]

cavalo (m)	kůň (m)	[ku:nʲ]
garanhão (m)	hřebec (m)	[hrʒɛbɛts]
égua (f)	kobyla (ž)	[kobɪla]

vaca (f)	kráva (ž)	[kra:va]
touro (m)	býk (m)	[bi:k]
boi (m)	vůl (m)	[vu:l]

ovelha (f)	ovce (ž)	[ovtsɛ]
carneiro (m)	beran (m)	[bɛran]
cabra (f)	koza (ž)	[koza]
bode (m)	kozel (m)	[kozɛl]

| burro (m) | osel (m) | [osɛl] |
| mula (f) | mul (m) | [mul] |

porco (m)	prase (s)	[prasɛ]
leitão (m)	prasátko (s)	[prasa:tko]
coelho (m)	králík (m)	[kra:li:k]

| galinha (f) | slepice (ž) | [slɛpɪtsɛ] |
| galo (m) | kohout (m) | [kohout] |

pata (f)	kachna (ž)	[kaxna]
pato (macho)	kačer (m)	[katʃɛr]
ganso (m)	husa (ž)	[husa]

| peru (m) | krocan (m) | [krotsan] |
| perua (f) | krůta (ž) | [kru:ta] |

animais (m pl) domésticos	domácí zvířata (s mn)	[doma:tsi: zvi:rʒata]
domesticado	ochočený	[oxotʃɛni:]
domesticar (vt)	ochočovat	[oxotʃovat]
criar (vt)	chovat	[xovat]

quinta (f)	farma (ž)	[farma]
aves (f pl) domésticas	drůbež (ž)	[dru:bɛʃ]
gado (m)	dobytek (m)	[dobɪtɛk]
rebanho (m), manada (f)	stádo (s)	[sta:do]

estábulo (m)	stáj (ž)	[sta:j]
pocilga (f)	vepřín (m)	[vɛprʃi:n]
estábulo (m)	kravín (m)	[kravi:n]
coelheira (f)	králíkárna (ž)	[kra:li:ka:rna]
galinheiro (m)	kurník (m)	[kurni:k]

138. Pássaros

pássaro (m), ave (f)	pták (m)	[pta:k]
pombo (m)	holub (m)	[holup]
pardal (m)	vrabec (m)	[vrabɛts]
chapim-real (m)	sýkora (ž)	[si:kora]
pega-rabuda (f)	straka (ž)	[straka]
corvo (m)	havran (m)	[havran]

gralha (f) cinzenta	vrána (ž)	[vra:na]
gralha-de-nuca-cinzenta (f)	kavka (ž)	[kafka]
gralha-calva (f)	polní havran (m)	[polni: havran]
pato (m)	kachna (ž)	[kaxna]
ganso (m)	husa (ž)	[husa]
faisão (m)	bažant (m)	[baʒant]
águia (f)	orel (m)	[orɛl]
açor (m)	jestřáb (m)	[jɛstrʃa:p]
falcão (m)	sokol (m)	[sokol]
abutre (m)	sup (m)	[sup]
condor (m)	kondor (m)	[kondor]
cisne (m)	labuť (ž)	[labutʲ]
grou (m)	jeřáb (m)	[jɛrʒa:p]
cegonha (f)	čáp (m)	[tʃa:p]
papagaio (m)	papoušek (m)	[papouʃɛk]
beija-flor (m)	kolibřík (m)	[kolɪbrʒi:k]
pavão (m)	páv (m)	[pa:f]
avestruz (m)	pštros (m)	[pʃtros]
garça (f)	volavka (ž)	[volafka]
flamingo (m)	plameňák (m)	[plamɛnʲa:k]
pelicano (m)	pelikán (m)	[pɛlɪka:n]
rouxinol (m)	slavík (m)	[slavi:k]
andorinha (f)	vlaštovka (ž)	[vlaʃtofka]
tordo-zornal (m)	drozd (m)	[drozt]
tordo-músico (m)	zpěvný drozd (m)	[spevni: drozt]
melro-preto (m)	kos (m)	[kos]
andorinhão (m)	rorejs (m)	[rorɛjs]
cotovia (f)	skřivan (m)	[skrʃɪvan]
codorna (f)	křepel (m)	[krʃɛpɛl]
pica-pau (m)	datel (m)	[datɛl]
cuco (m)	kukačka (ž)	[kukatʃka]
coruja (f)	sova (ž)	[sova]
corujão, bufo (m)	výr (m)	[vi:r]
tetraz-grande (m)	tetřev (m) hlušec	[tɛtrʃɛv hluʃɛts]
tetraz-lira (m)	tetřev (m)	[tɛtrʃɛf]
perdiz-cinzenta (f)	koroptev (ž)	[koroptɛf]
estorninho (m)	špaček (m)	[ʃpatʃɛk]
canário (m)	kanár (m)	[kana:r]
galinha-do-mato (f)	jeřábek (m)	[jɛrʒa:bɛk]
tentilhão (m)	pěnkava (ž)	[peŋkava]
dom-fafe (m)	hejl (m)	[hɛjl]
gaivota (f)	racek (m)	[ratsɛk]
albatroz (m)	albatros (m)	[albatros]
pinguim (m)	tučňák (m)	[tutʃnʲa:k]

139. Peixes. Animais marinhos

brema (f)	cejn (m)	[tsɛjn]
carpa (f)	kapr (m)	[kapr]
perca (f)	okoun (m)	[okoun]
siluro (m)	sumec (m)	[sumɛts]
lúcio (m)	štika (ž)	[ʃtɪka]

salmão (m)	losos (m)	[losos]
esturjão (m)	jeseter (m)	[jɛsɛtɛr]

arenque (m)	sleď (ž)	[slɛtʲ]
salmão (m)	losos (m)	[losos]
cavala, sarda (f)	makrela (ž)	[makrɛla]
solha (f)	platýs (m)	[platiːs]

lúcio perca (m)	candát (m)	[tsandaːt]
bacalhau (m)	treska (ž)	[trɛska]
atum (m)	tuňák (m)	[tunʲaːk]
truta (f)	pstruh (m)	[pstrux]

enguia (f)	úhoř (m)	[uːhorʃ]
raia elétrica (f)	rejnok (m) elektrický	[rɛjnok ɛlɛktrɪtski:]
moreia (f)	muréna (ž)	[murɛːna]
piranha (f)	piraňa (ž)	[pɪranʲja]

tubarão (m)	žralok (m)	[ʒralok]
golfinho (m)	delfín (m)	[dɛlfiːn]
baleia (f)	velryba (ž)	[vɛlrɪba]

caranguejo (m)	krab (m)	[krap]
medusa, alforreca (f)	medúza (ž)	[mɛduːza]
polvo (m)	chobotnice (ž)	[xobotnɪtsɛ]

estrela-do-mar (f)	hvězdice (ž)	[hvezdɪtsɛ]
ouriço-do-mar (m)	ježovka (ž)	[jɛʒofka]
cavalo-marinho (m)	mořský koníček (m)	[morʃski koniːtʃɛk]

ostra (f)	ústřice (ž)	[uːstrʃɪtsɛ]
camarão (m)	kreveta (ž)	[krɛvɛta]
lavagante (m)	humr (m)	[humr]
lagosta (f)	langusta (ž)	[langusta]

140. Amfíbios. Répteis

serpente, cobra (f)	had (m)	[hat]
venenoso	jedovatý	[jɛdovatiː]

víbora (f)	zmije (ž)	[zmɪjɛ]
cobra-capelo, naja (f)	kobra (ž)	[kobra]
pitão (m)	krajta (ž)	[krajta]
jiboia (f)	hroznýš (m)	[hrozniːʃ]
cobra-de-água (f)	užovka (ž)	[uʒofka]

cascavel (f)	chřestýš (m)	[xrʃɛstiːʃ]
anaconda (f)	anakonda (ž)	[anakonda]
lagarto (m)	ještěrka (ž)	[jɛʃterka]
iguana (f)	leguán (m)	[lɛguaːn]
varano (m)	varan (m)	[varan]
salamandra (f)	mlok (m)	[mlok]
camaleão (m)	chameleón (m)	[xamɛlɛoːn]
escorpião (m)	štír (m)	[ʃtiːr]
tartaruga (f)	želva (ž)	[ʒelva]
rã (f)	žába (ž)	[ʒaːba]
sapo (m)	ropucha (ž)	[ropuxa]
crocodilo (m)	krokodýl (m)	[krokodiːl]

141. Insetos

inseto (m)	hmyz (m)	[hmɪz]
borboleta (f)	motýl (m)	[motiːl]
formiga (f)	mravenec (m)	[mravɛnɛts]
mosca (f)	moucha (ž)	[mouxa]
mosquito (m)	komár (m)	[komaːr]
escaravelho (m)	brouk (m)	[brouk]
vespa (f)	vosa (ž)	[vosa]
abelha (f)	včela (ž)	[vtʃɛla]
mamangava (f)	čmelák (m)	[tʃmɛlaːk]
moscardo (m)	střeček (m)	[strʃɛtʃɛk]
aranha (f)	pavouk (m)	[pavouk]
teia (f) de aranha	pavučina (ž)	[pavutʃɪna]
libélula (f)	vážka (ž)	[vaːʃka]
gafanhoto-do-campo (m)	kobylka (ž)	[kobɪlka]
traça (f)	motýl (m)	[motiːl]
barata (f)	šváb (m)	[ʃvaːp]
carraça (f)	klíště (s)	[kliːʃte]
pulga (f)	blecha (ž)	[blɛxa]
borrachudo (m)	muška (ž)	[muʃka]
gafanhoto (m)	saranče (ž)	[sarantʃɛ]
caracol (m)	hlemýžď (m)	[hlɛmiːʒtʲ]
grilo (m)	cvrček (m)	[tsvrtʃɛk]
pirilampo (m)	svatojánská muška (ž)	[svatojaːnska muʃka]
joaninha (f)	sluněčko (s) sedmitečné	[slunɛːtʃko sɛdmɪtɛtʃnɛː]
besouro (m)	chroust (m)	[xroust]
sanguessuga (f)	piavice (ž)	[pɪavɪtsɛ]
lagarta (f)	housenka (ž)	[housɛŋka]
minhoca (f)	červ (m)	[tʃɛrʃ]
larva (f)	larva (ž)	[larva]

Flora

142. Árvores

árvore (f)	strom (m)	[strom]
decídua	listnatý	[lɪstnati:]
conífera	jehličnatý	[jɛhlɪtʃnati:]
perene	stálezelená	[sta:lɛzɛlɛna:]
macieira (f)	jabloň (ž)	[jablonʲ]
pereira (f)	hruška (ž)	[hruʃka]
cerejeira (f)	třešně (ž)	[trʃɛʃne]
ginjeira (f)	višně (ž)	[vɪʃne]
ameixeira (f)	švestka (ž)	[ʃvɛstka]
bétula (f)	bříza (ž)	[brʒi:za]
carvalho (m)	dub (m)	[dup]
tília (f)	lípa (ž)	[li:pa]
choupo-tremedor (m)	osika (ž)	[osɪka]
bordo (m)	javor (m)	[javor]
espruce-europeu (m)	smrk (m)	[smrk]
pinheiro (m)	borovice (ž)	[borovɪtsɛ]
alerce, lariço (m)	modřín (m)	[modrʒi:n]
abeto (m)	jedle (ž)	[jɛdlɛ]
cedro (m)	cedr (m)	[tsɛdr]
choupo, álamo (m)	topol (m)	[topol]
tramazeira (f)	jeřáb (m)	[jɛrʒa:p]
salgueiro (m)	jíva (ž)	[ji:va]
amieiro (m)	olše (ž)	[olʃɛ]
faia (f)	buk (m)	[buk]
ulmeiro (m)	jilm (m)	[jɪlm]
freixo (m)	jasan (m)	[jasan]
castanheiro (m)	kaštan (m)	[kaʃtan]
magnólia (f)	magnólie (ž)	[magno:lɪe]
palmeira (f)	palma (ž)	[palma]
cipreste (m)	cypřiš (m)	[tsɪprʃɪʃ]
mangue (m)	mangróvie (ž)	[mangro:vɪe]
embondeiro, baobá (m)	baobab (m)	[baobap]
eucalipto (m)	eukalypt (m)	[ɛukalɪpt]
sequoia (f)	sekvoje (ž)	[sɛkvojɛ]

143. Arbustos

arbusto (m)	keř (m)	[kɛrʃ]
arbusto (m), moita (f)	křoví (s)	[krʃovi:]

videira (f)	vinná réva (s)	[vɪnna: re:va]
vinhedo (m)	vinice (ž)	[vɪnɪtsɛ]

framboeseira (f)	maliny (ž mn)	[malɪnɪ]
groselheira-vermelha (f)	červený rybíz (m)	[tʃɛrvɛni: rɪbi:z]
groselheira (f) espinhosa	angrešt (m)	[angrɛʃt]

acácia (f)	akácie (ž)	[aka:tsɪe]
bérberis (f)	dřišťál (m)	[drʒɪʃťa:l]
jasmim (m)	jasmín (m)	[jasmi:n]

junípero (m)	jalovec (m)	[jalovɛts]
roseira (f)	růžový keř (m)	[ru:ʒovi: kɛrʃ]
roseira (f) brava	šípek (m)	[ʃi:pɛk]

144. Frutos. Bagas

maçã (f)	jablko (s)	[jablko]
pera (f)	hruška (ž)	[hruʃka]
ameixa (f)	švestka (ž)	[ʃvɛstka]
morango (m)	zahradní jahody (ž mn)	[zahradni: jahodɪ]
ginja (f)	višně (ž)	[vɪʃne]
cereja (f)	třešně (ž mn)	[trʃɛʃne]
uva (f)	hroznové víno (s)	[hroznovɛ: vi:no]

framboesa (f)	maliny (ž mn)	[malɪnɪ]
groselha (f) preta	černý rybíz (m)	[tʃɛrni: rɪbi:z]
groselha (f) vermelha	červený rybíz (m)	[tʃɛrvɛni: rɪbi:z]
groselha (f) espinhosa	angrešt (m)	[angrɛʃt]
oxicoco (m)	klikva (ž)	[klɪkva]
laranja (f)	pomeranč (m)	[pomɛrantʃ]
tangerina (f)	mandarinka (ž)	[mandarɪŋka]
ananás (m)	ananas (m)	[ananas]
banana (f)	banán (m)	[bana:n]
tâmara (f)	datle (ž)	[datlɛ]

limão (m)	citrón (m)	[tsɪtro:n]
damasco (m)	meruňka (ž)	[mɛrunʲka]
pêssego (m)	broskev (ž)	[broskɛf]
kiwi (m)	kiwi (s)	[kɪvɪ]
toranja (f)	grapefruit (m)	[grɛjpfru:t]

baga (f)	bobule (ž)	[bobulɛ]
bagas (f pl)	bobule (ž mn)	[bobulɛ]
arando (m) vermelho	brusinky (ž mn)	[brusɪŋkɪ]
morango-silvestre (m)	jahody (ž mn)	[jahodɪ]
mirtilo (m)	borůvky (ž mn)	[boru:fkɪ]

145. Flores. Plantas

flor (f)	květina (ž)	[kvetɪna]
ramo (m) de flores	kytice (ž)	[kɪtɪtsɛ]

rosa (f)	růže (ž)	[ruːʒe]
tulipa (f)	tulipán (m)	[tulɪpaːn]
cravo (m)	karafiát (m)	[karafɪaːt]
gladíolo (m)	mečík (m)	[mɛtʃiːk]
centáurea (f)	chrpa (ž)	[xrpa]
campânula (f)	zvoneček (m)	[zvonɛtʃɛk]
dente-de-leão (m)	pampeliška (ž)	[pampɛlɪʃka]
camomila (f)	heřmánek (m)	[hɛrʒmaːnɛk]
aloé (m)	aloe (s)	[aloɛ]
cato (m)	kaktus (m)	[kaktus]
fícus (m)	fíkus (m)	[fiːkus]
lírio (m)	lilie (ž)	[lɪlɪe]
gerânio (m)	geránie (ž)	[geraːnɪe]
jacinto (m)	hyacint (m)	[hɪatsɪnt]
mimosa (f)	citlivka (ž)	[tsɪtlɪfka]
narciso (m)	narcis (m)	[nartsɪs]
capuchinha (f)	potočnice (ž)	[pototʃnɪtsɛ]
orquídea (f)	orchidej (ž)	[orxɪdɛj]
peónia (f)	pivoňka (ž)	[pɪvonʲka]
violeta (f)	fialka (ž)	[fɪalka]
amor-perfeito (m)	maceška (ž)	[matsɛʃka]
não-me-esqueças (m)	pomněnka (ž)	[pomnɛŋka]
margarida (f)	sedmikráska (ž)	[sɛdmɪkraːska]
papoula (f)	mák (m)	[maːk]
cânhamo (m)	konopě (ž)	[konope]
hortelã (f)	máta (ž)	[maːta]
lírio-do-vale (m)	konvalinka (ž)	[konvalɪŋka]
campânula-branca (f)	sněženka (ž)	[sneʒeŋka]
urtiga (f)	kopřiva (ž)	[koprʃɪva]
azeda (f)	šťovík (m)	[ʃtʲoviːk]
nenúfar (m)	leknín (m)	[lɛkniːn]
feto (m), samambaia (f)	kapradí (s)	[kapradiː]
líquen (m)	lišejník (m)	[lɪʃɛjniːk]
estufa (f)	oranžérie (ž)	[oranʒeːrɪe]
relvado (m)	trávník (m)	[traːvniːk]
canteiro (m) de flores	květinový záhonek (m)	[kvetɪnovi: zaːhonɛk]
planta (f)	rostlina (ž)	[rostlɪna]
erva (f)	tráva (ž)	[traːva]
folha (f) de erva	stéblo (s) trávy	[stɛːblo traːvɪ]
folha (f)	list (m)	[lɪst]
pétala (f)	okvětní lístek (m)	[okvetni: liːstɛk]
talo (m)	stéblo (s)	[stɛːblo]
tubérculo (m)	hlíza (ž)	[hliːza]
broto, rebento (m)	výhonek (m)	[viːhonɛk]

espinho (m)	osten (m)	[ostɛn]
florescer (vi)	kvést	[kvɛːst]
murchar (vi)	vadnout	[vadnout]
cheiro (m)	vůně (ž)	[vuːne]
cortar (flores)	uříznout	[urʒiːznout]
colher (uma flor)	utrhnout	[utrhnout]

146. Cereais, grãos

grão (m)	obilí (s)	[obɪliː]
cereais (plantas)	obilniny (ž mn)	[obɪlnɪnɪ]
espiga (f)	klas (m)	[klas]

trigo (m)	pšenice (ž)	[pʃɛnɪtsɛ]
centeio (m)	žito (s)	[ʒɪto]
aveia (f)	oves (m)	[ovɛs]
milho-miúdo (m)	jáhly (ž mn)	[jaːhlɪ]
cevada (f)	ječmen (m)	[jɛtʃmɛn]

milho (m)	kukuřice (ž)	[kukurʒɪtsɛ]
arroz (m)	rýže (ž)	[riːʒe]
trigo-sarraceno (m)	pohanka (ž)	[pohaŋka]

ervilha (f)	hrách (m)	[hraːx]
feijão (m)	fazole (ž)	[fazolɛ]
soja (f)	sója (ž)	[soːja]
lentilha (f)	čočka (ž)	[tʃotʃka]
fava (f)	boby (m mn)	[bobɪ]

PAÍSES. NACIONALIDADES

147. Europa Ocidental

Europa (f)	Evropa (ž)	[ɛvropa]
União (f) Europeia	Evropská unie (ž)	[ɛuropska: unɪe]
Áustria (f)	Rakousko (s)	[rakousko]
Grã-Bretanha (f)	Velká Británie (ž)	[vɛlka: brɪta:nɪe]
Inglaterra (f)	Anglie (ž)	[anglɪe]
Bélgica (f)	Belgie (ž)	[bɛlgɪe]
Alemanha (f)	Německo (s)	[nemɛtsko]
Países (m pl) Baixos	Nizozemí (s)	[nɪzozɛmi:]
Holanda (f)	Holandsko (s)	[holandsko]
Grécia (f)	Řecko (s)	[rʒɛtsko]
Dinamarca (f)	Dánsko (s)	[da:nsko]
Irlanda (f)	Irsko (s)	[ɪrsko]
Islândia (f)	Island (m)	[ɪslant]
Espanha (f)	Španělsko (s)	[ʃpanelsko]
Itália (f)	Itálie (ž)	[ɪta:lɪe]
Chipre (m)	Kypr (m)	[kɪpr]
Malta (f)	Malta (ž)	[malta]
Noruega (f)	Norsko (s)	[norsko]
Portugal (m)	Portugalsko (s)	[portugalsko]
Finlândia (f)	Finsko (s)	[fɪnsko]
França (f)	Francie (ž)	[frantsɪe]
Suécia (f)	Švédsko (s)	[ʃvɛ:tsko]
Suíça (f)	Švýcarsko (s)	[ʃvi:tsarsko]
Escócia (f)	Skotsko (s)	[skotsko]
Vaticano (m)	Vatikán (m)	[vatɪka:n]
Liechtenstein (m)	Lichtenštejnsko (s)	[lɪxtɛnʃtɛjnsko]
Luxemburgo (m)	Lucembursko (s)	[lutsɛmbursko]
Mónaco (m)	Monako (s)	[monako]

148. Europa Central e de Leste

Albânia (f)	Albánie (ž)	[alba:nɪe]
Bulgária (f)	Bulharsko (s)	[bulharsko]
Hungria (f)	Maďarsko (s)	[maďarsko]
Letónia (f)	Lotyšsko (s)	[lotɪʃsko]
Lituânia (f)	Litva (ž)	[lɪtva]
Polónia (f)	Polsko (s)	[polsko]

Roménia (f)	Rumunsko (s)	[rumunsko]
Sérvia (f)	Srbsko (s)	[srpsko]
Eslováquia (f)	Slovensko (s)	[slovɛnsko]

Croácia (f)	Chorvatsko (s)	[xorvatsko]
República (f) Checa	Česko (s)	[ʧɛsko]
Estónia (f)	Estonsko (s)	[ɛstonsko]

Bósnia e Herzegovina (f)	Bosna a Hercegovina (ž)	[bosna a hɛrʦɛgovɪna]
Macedónia (f)	Makedonie (ž)	[makɛdonɪe]
Eslovénia (f)	Slovinsko (s)	[slovɪnsko]
Montenegro (m)	Černá Hora (ž)	[ʧɛrna: hora]

149. Países da ex-URSS

| Azerbaijão (m) | Ázerbájdžán (m) | [a:zɛrba:jʤa:n] |
| Arménia (f) | Arménie (ž) | [armɛ:nɪe] |

Bielorrússia (f)	Bělorusko (s)	[belorusko]
Geórgia (f)	Gruzie (ž)	[gruzɪe]
Cazaquistão (m)	Kazachstán (m)	[kazaxsta:n]
Quirguistão (m)	Kyrgyzstán (m)	[kɪrgɪsta:n]
Moldávia (f)	Moldavsko (s)	[moldavsko]

| Rússia (f) | Rusko (s) | [rusko] |
| Ucrânia (f) | Ukrajina (ž) | [ukrajɪna] |

Tajiquistão (m)	Tádžikistán (m)	[ta:ʤɪkɪsta:n]
Turquemenistão (m)	Turkmenistán (m)	[turkmɛnɪsta:n]
Uzbequistão (f)	Uzbekistán (m)	[uzbɛkɪsta:n]

150. Asia

Ásia (f)	Asie (ž)	[azɪe]
Vietname (m)	Vietnam (m)	[vjɛtnam]
Índia (f)	Indie (ž)	[ɪndɪe]
Israel (m)	Izrael (m)	[ɪzraɛl]

China (f)	Čína (ž)	[ʧi:na]
Líbano (m)	Libanon (m)	[lɪbanon]
Mongólia (f)	Mongolsko (s)	[mongolsko]

| Malásia (f) | Malajsie (ž) | [malajzɪe] |
| Paquistão (m) | Pákistán (m) | [pa:kɪsta:n] |

Arábia (f) Saudita	Saúdská Arábie (ž)	[sau:dska: ara:bɪe]
Tailândia (f)	Thajsko (s)	[tajsko]
Taiwan (m)	Tchaj-wan (m)	[tajvan]
Turquia (f)	Turecko (s)	[turɛtsko]
Japão (m)	Japonsko (s)	[japonsko]
Afeganistão (m)	Afghánistán (m)	[afga:nɪsta:n]
Bangladesh (m)	Bangladéš (m)	[bangladɛ:ʃ]

| Indonésia (f) | Indonésie (ž) | [ɪndonɛ:zɪe] |
| Jordânia (f) | Jordánsko (s) | [jorda:nsko] |

Iraque (m)	Irák (m)	[ɪra:k]
Irão (m)	Írán (m)	[i:ra:n]
Camboja (f)	Kambodža (ž)	[kambodʒa]
Kuwait (m)	Kuvajt (m)	[kuvajt]

Laos (m)	Laos (m)	[laos]
Myanmar (m), Birmânia (f)	Barma (ž)	[barma]
Nepal (m)	Nepál (m)	[nɛpa:l]
Emirados Árabes Unidos	Spojené arabské emiráty (m mn)	[spojɛnɛ: arapskɛ: ɛmɪra:tɪ]

| Síria (f) | Sýrie (ž) | [si:rɪe] |
| Palestina (f) | Palestinská autonomie (ž) | [palɛstɪnska: autonomɪe] |

| Coreia do Sul (f) | Jižní Korea (ž) | [jɪʒni: korɛa] |
| Coreia do Norte (f) | Severní Korea (ž) | [severni: korɛa] |

151. América do Norte

Estados Unidos da América	Spojené státy (m mn) americké	[spojɛnɛ: sta:tɪ amɛrɪtskɛ:]
Canadá (m)	Kanada (ž)	[kanada]
México (m)	Mexiko (s)	[mɛksɪko]

152. América Central do Sul

Argentina (f)	Argentina (ž)	[argɛntɪna]
Brasil (m)	Brazílie (ž)	[brazi:lɪe]
Colômbia (f)	Kolumbie (ž)	[kolumbɪe]

| Cuba (f) | Kuba (ž) | [kuba] |
| Chile (m) | Chile (s) | [tʃɪlɛ] |

| Bolívia (f) | Bolívie (ž) | [boli:vɪe] |
| Venezuela (f) | Venezuela (ž) | [vɛnɛzuɛla] |

| Paraguai (m) | Paraguay (ž) | [paragvaj] |
| Peru (m) | Peru (s) | [pɛru] |

Suriname (m)	Surinam (m)	[surɪnam]
Uruguai (m)	Uruguay (ž)	[urugvaj]
Equador (m)	Ekvádor (m)	[ɛkva:dor]

| Bahamas (f pl) | Bahamy (ž mn) | [bahamɪ] |
| Haiti (m) | Haiti (s) | [haɪtɪ] |

República (f) Dominicana	Dominikánská republika (ž)	[domɪnɪka:nska: rɛpublɪka]
Panamá (m)	Panama (ž)	[panama]
Jamaica (f)	Jamajka (ž)	[jamajka]

153. Africa

Egito (m)	Egypt (m)	[ɛgɪpt]
Marrocos	Maroko (s)	[maroko]
Tunísia (f)	Tunisko (s)	[tunɪsko]
Gana (f)	Ghana (ž)	[gana]
Zanzibar (m)	Zanzibar (m)	[zanzɪbar]
Quénia (f)	Keňa (ž)	[kɛnʲa]
Líbia (f)	Libye (ž)	[lɪbɪe]
Madagáscar (m)	Madagaskar (m)	[madagaskar]
Namíbia (f)	Namibie (ž)	[namɪbɪe]
Senegal (m)	Senegal (m)	[sɛnɛgal]
Tanzânia (f)	Tanzanie (ž)	[tanzanɪe]
África do Sul (f)	Jihoafrická republika (ž)	[jɪhoafrɪtska: rɛpublɪka]

154. Austrália. Oceania

Austrália (f)	Austrálie (ž)	[austra:lɪe]
Nova Zelândia (f)	Nový Zéland (m)	[novi: zɛ:lant]
Tasmânia (f)	Tasmánie (ž)	[tasma:nɪe]
Polinésia Francesa (f)	Francouzská Polynésie (ž)	[frantsouska: polɪnɛ:zɪe]

155. Cidades

Amesterdão	Amsterodam (m)	[amstɛrodam]
Ancara	Ankara (ž)	[aŋkara]
Atenas	Atény (ž mn)	[atɛ:nɪ]
Bagdade	Bagdád (m)	[bagda:t]
Banguecoque	Bangkok (m)	[bangkok]
Barcelona	Barcelona (ž)	[barsɛlona]
Beirute	Bejrút (m)	[bɛjru:t]
Berlim	Berlín (m)	[bɛrli:n]
Bombaim	Bombaj (ž)	[bombaj]
Bona	Bonn (m)	[bonn]
Bordéus	Bordeaux (s)	[bordo:]
Bratislava	Bratislava (ž)	[bratɪslava]
Bruxelas	Brusel (m)	[brusɛl]
Bucareste	Bukurešť (ž)	[bukurɛʃtʲ]
Budapeste	Budapešť (ž)	[budapɛʃtʲ]
Cairo	Káhira (ž)	[ka:hɪra]
Calcutá	Kalkata (ž)	[kalkata]
Chicago	Chicago (s)	[tʃɪka:go]
Cidade do México	Mexiko (s)	[mɛksɪko]
Copenhaga	Kodaň (ž)	[kodanʲ]
Dar es Salaam	Dar es Salaam (m)	[dar ɛs sala:m]

Deli	Dillí (s)	[dɪli:]
Dubai	Dubaj (m)	[dubaj]
Dublin, Dublim	Dublin (m)	[dublɪn]
Düsseldorf	Düsseldorf (m)	[dɪsldorf]
Estocolmo	Stockholm (m)	[stokholm]
Florença	Florencie (ž)	[florɛnʦɪe]
Frankfurt	Frankfurt (m)	[fraŋkfurt]
Genebra	Ženeva (ž)	[ʒenɛva]
Haia	Haag (m)	[ha:g]
Hamburgo	Hamburk (m)	[hamburk]
Hanói	Hanoj (m)	[hanoj]
Havana	Havana (ž)	[havana]
Helsínquia	Helsinky (ž mn)	[hɛlsɪŋkɪ]
Hiroshima	Hirošima (ž)	[hɪroʃɪma]
Hong Kong	Hongkong (m)	[hoŋkong]
Istambul	Istanbul (m)	[ɪstanbul]
Jerusalém	Jeruzalém (m)	[jɛruzalɛ:m]
Kiev	Kyjev (m)	[kɪef]
Kuala Lumpur	Kuala Lumpur (m)	[kuala lumpur]
Lisboa	Lisabon (m)	[lɪsabon]
Londres	Londýn (m)	[londi:n]
Los Angeles	Los Angeles (s)	[los ɛnʒɛlis]
Lion	Lyon (m)	[lɪon]
Madrid	Madrid (m)	[madrɪt]
Marselha	Marseille (ž)	[marsɛj]
Miami	Miami (s)	[majamɪ]
Montreal	Montreal (m)	[monrɛal]
Moscovo	Moskva (ž)	[moskva]
Munique	Mnichov (m)	[mnɪxof]
Nairóbi	Nairobi (s)	[najrobɪ]
Nápoles	Neapol (m)	[nɛapol]
Nice	Nizza (ž)	[nɪʦa]
Nova York	New York (m)	[nju: jork]
Oslo	Oslo (s)	[oslo]
Ottawa	Otava (ž)	[otava]
Paris	Paříž (ž)	[parʒi:ʃ]
Pequim	Peking (m)	[pɛkɪŋk]
Praga	Praha (ž)	[praha]
Rio de Janeiro	Rio de Janeiro (s)	[rɪodɛʒanɛ:ro]
Roma	Řím (m)	[rʒi:m]
São Petersburgo	Sankt-Petěrburg (m)	[saŋkt-pɛterburg]
Seul	Soul (m)	[soul]
Singapura	Singapur (m)	[sɪngapur]
Sydney	Sydney (s)	[sɪdnɛj]
Taipé	Tchaj-pej (s)	[taj-pɛj]
Tóquio	Tokio (s)	[tokɪo]
Toronto	Toronto (s)	[toronto]
Varsóvia	Varšava (ž)	[varʃava]

Veneza	**Benátky** (ž mn)	[bɛnaːtkɪ]
Viena	**Vídeň** (ž)	[viːdɛnʲ]
Washington	**Washington** (m)	[voʃɪnkton]
Xangai	**Šanghaj** (ž)	[ʃangxaj]

www.ingramcontent.com/pod-product-compliance
Lightning Source LLC
Chambersburg PA
CBHW070604050426
42450CB00011B/2986